VERLAG
FRITZ
MOLDEN

IRONIMUS
MEIN ÖSTERREICH
KARIKATUREN 1955–1975

VERLAG FRITZ MOLDEN · WIEN-MÜNCHEN-ZÜRICH

DIE ERSTDRUCKE DER ZEICHNUNGEN DIESES BUCHES
ERSCHIENEN IN DEN TAGESZEITUNGEN „DIE PRESSE“, „BILDTELEGRAF“,
„EXPRESS“, „SÜDDEUTSCHE ZEITUNG“ UND IN DER
„WOCHENPRESSE“ IN DEN JAHREN 1955–1975.

1. AUFLAGE

SCHUTZUMSCHLAG UND AUSSTATTUNG: HANS SCHAUMBERGER, WIEN
LEKTOR: LEO MAZAKARINI
TECHNISCHER BETREUER: FRANZ HANNS
SCHRIFT: GARAMOND-ANTIQUA
SATZ: FILMSATZZENTRUM DEUTSCH-WAGRAM
DRUCK UND BINDEARBEIT: WELSERMÜHL, WELS
ISBN 3-217-00680-1

INHALT

DER STAATSBESUCH · 1959
Bundeskanzler Julius Raab in Japan

Walter Koschatzky

Der Zeichner Ironimus

Der erste Blick vieler Leser in ihre Tageszeitung gilt der Zeichnung von Ironimus, so wie andere gewohnt sind, mit Sport, Leitartikel, Wirtschaft, Kunstkritik oder Lokalem zu beginnen. Immer wieder erweist sich dieser kritische Kommentar zum Tag, wie man es schon einmal genannt hat, von messerscharfer Eindringlichkeit, von unverwechselbarer Handschrift überdies und von jener Aussage, die einen so manchesmal zunächst lachen, dann aber immer nachdenklicher macht.

Es mag nun wirklich müßig sein, darüber zu debattieren, ob Karikatur und Satire mehr oder weniger zur Kunst zählen, ob sie eher Gebrauchskunst seien (der man merkwürdigerweise einen geringeren Rang einräumt, weil etwas zu gebrauchen, vielleicht sogar zu brauchen, offenbar in der gewohnten Wertung etwas Degradierendes an sich hat; folgerichtig: nur Kunst, die man nicht braucht, verdient das Ah des wahren Kenners!) oder ob sie doch wie freie Werke der Zeichnung gesehen werden können. Um so müßiger ist es, als selbst die gestrengsten Verfechter klassischer Definition des Kunstbegriffes recht wenig Konkretes davon auszusagen haben; was helfen die schönsten Gedanken über den Ursprung des Schönen, wenn man weder weiß, was es soll, noch vor der Realität sie etwas taugen, der Künstler daraus seine Orientierung nicht gewinnen kann und der Betrachter keinen Maßstab. Solche Definitionen beziehen sich auf nichts. Man hat einmal in bezug auf die Spezialisierung der Wissenschaften gemeint, man werde so lange immer mehr über immer weniger wissen, bis man schließlich alles weiß, aber von nichts mehr. Ein wenig so ist es auch in der Kunst. Über nichts kann man nicht sprechen, und darüber – sagt Wittgenstein – muß man schweigen.

Wie dem mit so einer Definition, wohin die Karikatur denn gehöre, auch sei, jedenfalls zählt sie in besonderer Weise zu den Phänomenen jener bei näherem Zusehen so ganz außerordentlich merkwürdigen Fähigkeit des Menschen, durch Linien, Striche und Punkte, also die Mittel der Zeichnung, Inhalte zu komprimieren und wieder begreifbar zu machen. Dieser Vorgang, solche auf ein Minimum reduzierte Zeichen, etwa durch eine Umrißlinie angegebenes Gesicht, das selbstverständlich in Wirklichkeit solch einen Umriß gar nicht besitzt und doch spontan von jedem Betrachter als charakteristisch identifiziert wird, zu schaffen und sie wahrzunehmen, ist eine faszinierende Möglichkeit von Zeichen und Bedeutung.

Was uns daran wie an der Handzeichnung überhaupt so sehr zu fesseln vermag, ist, daß hier wie kaum sonst in einem anderen Bereich solcher Zeichensetzung, also der Kybernetik, Mathematik, Technik, Naturwissenschaft überhaupt, wo immer Symbole verwendet werden, nicht allein eine rationale Vereinbarung existiert, sondern daß es sich um spontane, vor jeder intellektuellen Kontrolle liegende Emotions-Chiffren handelt, die eine unbewußt, also tiefer geschichtete Aussage in die Linie gedrängt weitergibt. Der emotional empfindliche Betrachter vermag aber genau das, und zwar weit über das Absurde oder Groteske einer dargestellten Szene hinaus, mit einem ebenso außerrationalen Organ wahrzunehmen und darin die echte Lust, die Belustigung zu empfinden. Eine wenig bekannte Stelle in Hegels aesthetischen Schriften (Ausg. 1955, p. 763) geht darauf ein: „(So) haben nach einer Seite hin gerade Handzeichnungen das höchste Interesse, indem man das Wunder sieht, daß der ganze Geist unmittelbar in die Fertigkeit der Hand übergeht, die nun mit der größten Leichtigkeit, ohne Versuch, in augenblicklicher Produktion alles, was im Geiste des Künstlers liegt, hinstellt. Einfall und Ausführung erscheint als ein und dasselbe, während man bei Gemälden die Vorstellung nicht entfernen kann, daß hier Vollendung erst nach mehrfachem Übermalen, stetem Fortschreiten und Verbessern geleistet sei."

Nun ist wie jede echte Fähigkeit auch die des Zeichners angeboren. Sie kann und muß geübt, differenziert werden, und das Kennenlernen, Auseinandersetzen mit anderen ist erforderlich, um solcher Begabung vollen Ausdruck zu verleihen (den Kaspar Hauser der Kunst gibt es nicht). Ob Klee, Steinberg oder Flora, ist daher ohne Belang; abhängig ist IRONIMUS von keinem. Erlernbar ist gerade die Karikatur nicht. Dies trifft auch hier zu; der Künstler erzählt, er habe schon in der Schule sich bei seinen Lehrern durch deren treffende Darstellung besondere Beliebtheit verschafft. Nun ist der Karikaturist überhaupt das Beispiel schlechthin der Binsenweisheit, daß Wahrheit nicht beliebt macht. Damit muß er ein Leben lang rechnen; trotz vieler Beteuerungen und sogar echten Humors bei manchen Betroffenen, die als Persönlichkeiten stark genug sind, auch über sich selbst lächeln zu können. Doch all das bisher Überlegte ist doch erst ein Aspekt. Der andere, der sich zu jener Begabung treffsicherer Linienführung hinzugesellen muß, ist die Befähigung zur Kritik. Bedenkt man recht, ist es hier zweierlei. Eine erste allgemein kritische Ambition zunächst, Situationen, Geschehnisse, Persönlichkeiten unter die Lupe zu nehmen, eine gewiß intellektuelle Funktion, die so wie in London (von wo aus die gesellschaftskritische und politische Satire mit Hogarth, Gillray, Rowlandson überhaupt ihren Ausgang nahm), oder gar Paris (mit einer einzigartigen Spitze in Daumier) und Berlin (man denke an Gulbranssons Zeit) eben auch in Wien ihre besonderen Meister fand. Darin liegt die ganz wesentliche Aufgabe. Kritik ist der Wurzelboden des Fortschreitens, ohne sie gäbe es noch weniger die Chance, aus dem Sumpf kaschierter Willkür, aus dem Trott des

„das war schon immer so – das hat es noch nie gegeben – da könnt ein jeder kommen“ einmal herauszugelangen. Dazu gehört Beobachten, Erfassen, Bedenken, ohne Bedenken zu haben. Dann aber noch mehr. Was ist Kritik denn, als der Trieb, durch Bewußtmachen einzugreifen, zu ändern, zu bessern.

Ich habe versucht nachzudenken, wo der Zusammenhang zwischen dem Bildkritiker IRONIMUS und dem Architekten Peichl liegen mag (wobei auffällt, daß mehrere der großen Karikaturisten ebenfalls Architekten sind oder waren); natürlich gibt es einen Zusammenhang, der im Zeichnen, im Linearen liegt, und auch im abstrahierenden Sehen, aber mehr noch scheint es mir dieses positive Ordnen zu sein, das beiden Seiten gemeinsam ist. Die Mittel der Kritik durch das Bild liegen im Vorgang Erkennen, Herausheben und Überspitzen des Wesentlichen; sie sind also ein echter Abstraktionsprozeß durch Vereinfachen auf die letzte Formel, um so, durch das Besondere, ein Allgemeines erkennbar zu machen. Dies aber bedarf noch eines Dritten, das sich nämlich wie ein Produkt aus den Prämissen ergibt. Der Einfall erst ergibt die Mitteilung, die zündende Idee ist es, die man als Zusammenfluß von Emotion und Intellekt verstehen darf, sie ist spontan ebenso wie Ergebnis von Denken und Wollen. Alles dies scheint mir nun bei Gustav Peichls Arbeiten in hohem Maße gegeben zu sein, zusammenzuwirken zu dem Ergebnis, das heute vor uns liegt. Seit Dezember 1954, als seine erste politische Karikatur, sagen wir besser: sein erster politisch-ironischer Kommentar erschien, folgte Pointe auf Pointe, die eine treffsicherer als die andere. IRONIMUS wurde zu einem zeichnenden Journalisten, der seine Leitartikel eben mit der Zeichenfeder schreibt, statt der Worte und Sätze. Es war Dufy, der einmal meinte, die Natur sähe eigentlich immer so aus, wie die Maler sie zeigen; was sagen will, die Menschen lernen die Welt erst durch die Kunst sehen. Hier möchte man variieren, die Politiker sehen in der Tat so in den Augen der Vielen aus, wie Peichl-IRONIMUS sie sehen lehrt. Daß bei diesem entblößenden Darlegen es gar nicht etwa auf den Witz, auf das Auflachen ausgeht, sondern auf das analysierende Aufzeigen der Fakten (bei denen einem dann eben das Lachen vergehen kann), gibt seiner Leistung auch jene Bedeutung, mit der er sich über den Witzemacher, den Humoristen erhebt.

Der Rückblick über zwanzig Jahre IRONIMUS-Zeichnungen wird zur Überschau über zwei Jahrzehnte österreichischer Geschichte, ein Lehrbuch geradezu, das deshalb erschreckt, weil allzuviel davon eingetreten ist, was damals, im Augenblick, verzerrte, kaum glaubliche Prognose war, ein Lehrbuch also, das eigentlich in keinem Heimatkunde-Unterricht fehlen dürfte.

LEOPOLD FIGL · 1955

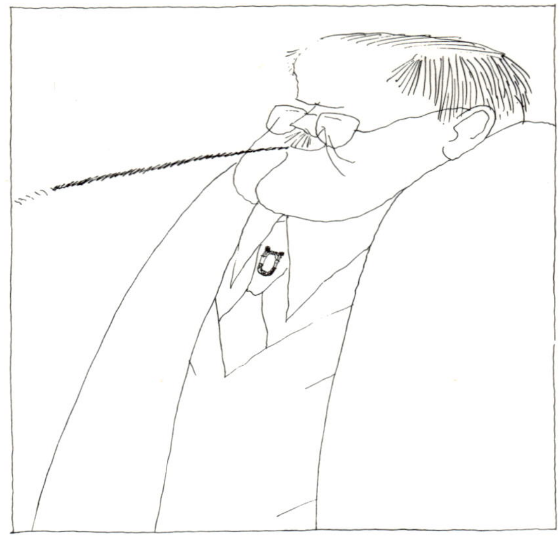

JULIUS RAAB · 1959

BRUNO PITTERMANN · 1960

THEODOR PIFFL-PERČEVIĆ · 1967

KARL LÜTGENDORF · 1970

HERTHA FIRNBERG · 1970

ALFONS GORBACH · 1963

JOSEF KLAUS · 1966

KARL SCHLEINZER · 1970

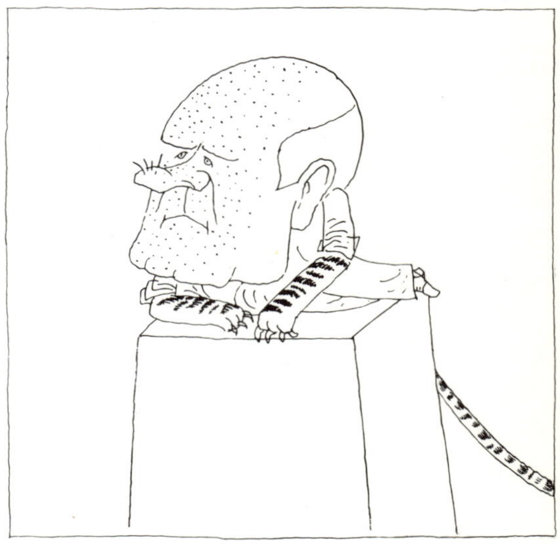

GERD BACHER · 1972

FRED SINOWATZ · 1973

BRUNO KREISKY · 1974

Otto Schulmeister

Gustav Peichl – Der Karikaturist als Zeitgenosse

Wenn Österreich, schon das alte, wie Hans Weigel in einem Essayband einmal schrieb, sich auf der Flucht vor der eigenen Größe befand, auf welcher Flucht befindet sich das wiedererstandene Österreich der Zweiten Republik? Gustav Peichl hat als IRONIMUS ihre Entwicklung in der „Presse" seit den fünfziger Jahren mit dem Zeichenstift festgehalten. Blättert man dieses Protokoll in Karikaturen durch, wird einem ganz anders: Der Betrachter fühlt sich erheitert, gelöst, doch der Witz, die Feder als Chirurgenbesteck, das Entlarvende lassen selbst im schallenden Lachen oft einen Rest von Bedrückendem, Unheimlichem zurück. Nun ist ja die politische Karikatur etwas anderes als eine Sammlung gezeichneter Altgraf-Bobby-Witze; sie gilt der Freilegung menschlicher Schwächen, der Schwächen der Gesellschaft, des Versteckten im Alltag. Insoweit hat Karikatur eine öffentliche, bewußtseinserhellende Funktion, ist der Karikaturist in erhöhtem Maße Zeitgenosse. Und er ist es als Moralist, nicht etwa als Alleinunterhalter seiner Fans. Was bedeutet aber dann, daß von dem Schmunzeln, Lachen, dem Treffsicheren der Zeichnung noch etwas bleibt, das gar nicht so lachhaft ist?

Die Augen des Gustav Peichl sagen mehr von dem, was er meint. Sie bestimmen das Gesicht, sie dominieren den eher kleinen Mann, der auch sonst manches mit seinen Figuren gemein hat, in seinem Blick ihnen aber noch eine andere Bedeutung verleiht. Ansteckend lustig wirkt dieser unter Freunden, beim Heurigen manchmal fast kasperlhaft agierende Architekt und Professor: Staatsbürger, Initiator, Häuser- und Studioerbauer, Hausvater und Journalist zugleich. Doch da zögert man schon: Was hat dieser IRONIMUS mit dem Journalisten, so wie sich der heute repräsentiert, zu tun? Etwa, daß die Flüchtigkeit des Kommentars – um nicht zu sagen Oberflächlichkeit – dem alles verschlingenden Tempo der Massengesellschaft so entspricht wie die Karikatur, die mit dem Tag lebt, der morgen schon nicht mehr ist? Doch da ist man wieder bei dem IRONIMUS-Blick, der forschend, durchdringend, zuweilen gar nicht fröhlich oder spottlustig, ja hart sein kann. Etwa weil es dem Karikaturisten oft so geht wie dem Arzt: daß er die Menschheit meist in Unterwäsche vor sich sieht? Da mag schon etwas daran sein, der schmale Mund spricht dafür. Doch das kann auch etwas mit dem Kinn, das viel will, zu tun haben. Jedenfalls weiß man, daß die, die Leute zum Lachen bringen, oft selbst schwermütig, bitter sind. Der größte aller Karikaturisten, Honoré Daumier, besaß eine metaphysische Galle.

Der Karikaturist als Zeitgenosse der Zweiten Republik, ihrer Schicksale und Wandlungen, ist erstem Anschein nach Künder einer Frohbotschaft: Da gibt es einen Minimundus, eine putzige, kleine Welt, in der vielleicht sogar noch etwas von der großen ihre Probe hält. Sie ist erfüllt von Männlein und Weiblein durchaus irdischer Art, possierlich noch im Allzumenschlichen ihrer Anschläge und Heimtückereien. Da ist der ÖVP-Mensch mit Steirerhut und Gamsbart, da der SPÖ-Genosse, die Schirmmütze mit den drei Pfeilen in die Stirn gedrückt. Über die Zeitbühne ziehen der Virginia rauchende Julius Raab, der „Poldl", Leopold Figl, mit weinschwerem Blick, der auf Cäsars Glatze hin stilisierte Klaus, fast hunnisch-teuflisch „Hermann der Eiserne", genannt Withalm, der so jüdisch-gemütlich aussehende Kreisky, mit einem Wort: die ganze politische Gesellschaft Neu-Österreichs.

Die ganze? Es gibt auch zentrale Figuren dieser dreißig Jahre, die IRONIMUS nicht unter den Zeichenstift geraten sind. Weil sie nichts hergeben? Der Karikaturist, auch der der Zweiten Republik, braucht Anhaltspunkte, er muß durch eine Figur, durch ihr Gehaben, ihre Körperlichkeit, ihre Gesten inspiriert werden – abstrakter Machtwille, Intellekt allein beflügeln den Zeichner nicht. Er braucht das Saftige. Auch das, was sich zum Typischen des so erlebten Vaterlandes hinaufstilisieren läßt. Und es gibt eben auch „sperriges Material".

Folgt man dem Tagesgebrauch der Sprache, dann karikiert Karikatur etwas, sie verzerrt also, übertreibt. Nur um dem oder den so Dargestellten etwas anzutun, sie zu verspotten? Das wäre offensichtlich zu wenig, um eine Zeichnung als politische Karikatur anzusprechen. Auch das Hervorheben bestimmter Charakterzüge bis zur Disproportion hat noch mit Wahrheitswillen zu tun. Besser gesagt: kann noch mit ihm zu tun haben. Das macht die Karikatur, was ihren Anteil an der Kunst betrifft, eben zu einem Zwitter. Auf das Österreich nach 1945 angewandt, müßte man also bei der von IRONIMUS gezeichneten Chronik fragen, ob sie mit der Wahrheit, der Wirklichkeit dieser Republik zu tun hat, ob sie etwa selbst zu deren Bewußtseinsbildung einen Beitrag geleistet hat. Ist diese verspielte, aber durchaus nicht nur liebe, sondern auch tückische Welt Produkt einer Poetisierung, mit der sich der Zeichner und seine Zeitgenossen eben den Andrang der Wirklichkeit vom Leib halten? Also eigentlich das Gegenteil dessen tun, was die klassische Karikatur will: Illusionen abbauen, falsches Pathos beim Fenster hinauswerfen, in ätzender Lauge freilegen, was wirklich ist? Gustav Peichl wäre dann so – wie ein anderer, bedeutender Karikaturist der Republik II, der Tiroler Paul Flora – eine Art Herzmanovsky-Orlando des Zeichenstifts, ein Flüchtling aus der Realität ins Skurrile. Demnach auch so Indikator für den Gesamtzustand: ausgestiegen aus der Weltgeschichte.

Die „Verkleinerung" Österreichs findet jedenfalls bei IRONIMUS exakt Ausdruck. Das kann zum Teil beim

Zeichner selbst liegen, er setzt sich ja in seinen Karikaturen mit in Szene. Da gibt es Verschmitztes, ein Lausbub geistert über die Szene, postiert, wo immer möglich, Nachttöpfe. Auch Faschierwölfe sind motivisch beliebt, das fäkalische Moment des Lebens wird nicht vergessen. Doch nicht das und auch nicht das Zwergenformat, auf das alles gebracht wird, das Lineare, Flächige der Zeichnung erzeugen den Eindruck der „Verkleinerung". Was immer aus dem Unbewußten in sie einfließt, Intellektualismus, kalte Ironie führen da jedenfalls nicht die Feder. Zerreißende Gegensätze der Zwischenkriegszeit zeigen sich fast als Märchen vom bösen Wolf, im Grunde sind die Leute nett zueinander, mehr noch, der Karikaturist ist hier wahrhaft „Journalist". Warum? Weil er in solcher Kostümierung die Verwandlung Österreichs von der Zwangs- und Notehe der Großen Koalition zum Freispielen für Einparteienregierungen im Klima der Sozialpartnerschaft, die Abwendung vom öffentlichen Leben, die Hinwendung zum „Privaten" und zum Wohlstandsgenuß exakt darstellt.

IRONIMUS hat nicht nur die Entpuppung eines neuen gesellschaftlichen Zustandes bewußt gemacht, seine Karikaturen sind in all den Jahren für das Publikum selbst schon eine Art „Institution" geworden. Wer sie heute durchblättert, erfaßt zugleich, wie sie ihrerseits an der Bewußtseinsbildung mitgewirkt haben. Es ist ein Wechselverhältnis. Bezeichnend, daß es nicht wenige Politiker gibt, die IRONIMUS-Karikaturen sammeln und sich in ihnen besser „abgebildet" fühlen als vom Reporterfoto. (Soweit ihre Eitelkeit nicht der Intelligenz im Wege steht.) Bei aller Tagesverhaftetheit ist der Karikaturist ja keine Kamera, sondern ein Temperament, eine Subjektivität, eine Person. Ihr Rang mißt sich nicht zuletzt daran, wie weit sie hinter die Dinge sieht, die Akteure aus sich selbst, aus der allgemeinen Stimmung, aus der Entwicklungslogik begreift. Karikatur, die über den Tag hinaus gilt, die zur Kunst wird, reißt eben dem Augenblick die Maske vom Gesicht, ist Kunst der Entlarvung, nicht aus spielerischem Trieb, nein, aus moralischem Impetus.

Das Lachhafte einer Situation, die tägliche „comèdie humaine" in Politik und Wirtschaft, in dieser neutralen, prosperierenden, sich selbst genügenden Republik II, ist indes nicht, wie schon eingangs gesagt, das Erste und Letzte an diesem IRONIMUS-Peichl. Was wäre er auch für ein Zeitgenosse – und als solcher Journalist –, wenn er der allgemeinen Neigung, Politik nur noch als Inhalt der Brieftasche oder Unterhaltung zu konsumieren, verfallen wäre? Er wäre dann wirklich das, was heute vielfach als Journalismus gilt: den Leuten, mit was immer, die Zeit zu vertreiben. Der Rest, der beim Lachen über das Österreich, wie es IRONIMUS fast täglich verfolgt hat, bleibt, nun dieser Rest ist eben seine – Zeitgenossenschaft, ein bißchen Illusionslosigkeit, ein bißchen Bitterkeit. Die lustigen Männlein und Weiblein, diese ganze, so bequeme Republik, der die Gegenwart genügt, könnte plötzlich ein Pandämonium werden. Ist es solche Angst, die alles so possierlich macht? Der Zeichner des Tages, der Erfolgsarchitekt, der Lehrer an der Akademie, er dürfte von diesem Österreich viel wissen. Mehr als in der „Zeitung" steht. Deswegen ist er auch noch Journalist.

I.

BESATZUNG UND STAATSVERTRAG 1955

DER WEIHNACHTSWUNSCH · 1954

ZWEI BESATZER · 1955

DIE „GROSSEN VIER“ · 1955

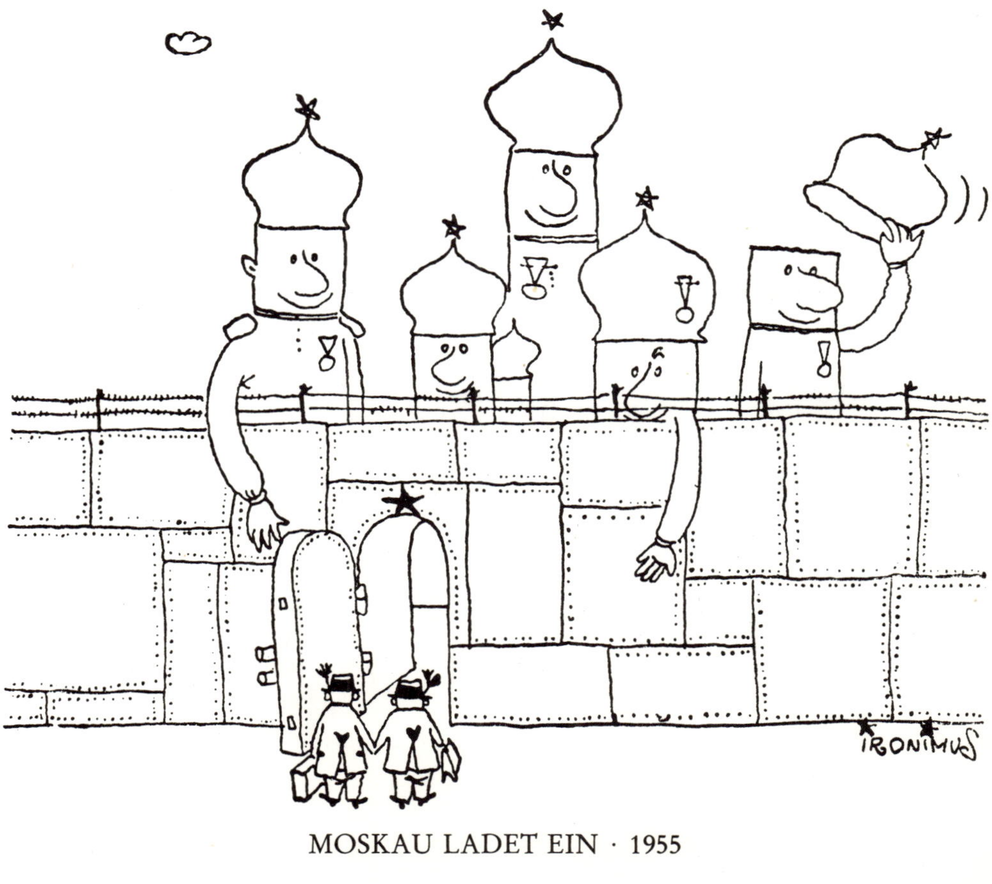

MOSKAU LADET EIN · 1955

„WOVON KANN DER KANZLER DENN SCHON TRÄUMEN . . .“ · 1955

Julius Raab

DIE VIER, DIE AUSZOGEN, DAS FÜRCHTEN ZU LERNEN · 1955

„HEUT' KOMMEN D'ENGERLN AUF URLAUB NACH WIEN . . ." · 1955

SAG ZUM ABSCHIED LEISE SERVUS · 1955
Pinay, Macmillan, Dulles, Molotow

SCHMERZLICHER ABSCHIED · 1955

DIE VIER IM JEEP WERDEN ABGELÖST · 1955

DEM ALLERLETZTEN VON GANZEM HERZEN · 1955

GROSSREINEMACHEN IM USIA-BETRIEB · 1955

DER KAMPF UMS DENKMAL · 1955

II.

DIE GROSSE KOALITION
1955–1966

MÜDER WAHLKAMPF · 1956

DAS ERGEBNIS · 1956

SCHWERE GEBURT · 1956
Regierungsbildung unter Bundeskanzler Julius Raab

ERWEITERTER MINISTERRAT · 1958
Handelsminister Fritz Bock, Vizekanzler Bruno Pittermann, der Schriftsteller Hans Weigel, Innenminister Oskar Helmer, Außenminister Leopold Figl, Bundeskanzler Julius Raab

AUFS POLITISCHE PARKETT · 1959

KOMPONIEREN VON WAHLSCHLAGERN · 1957

PRÄSIDENTENWAHLKAMPF · 1957

AUF WAHLKAMPFTOURNEE · 1957
Präsidentschaftskandidat Wolfgang Denk

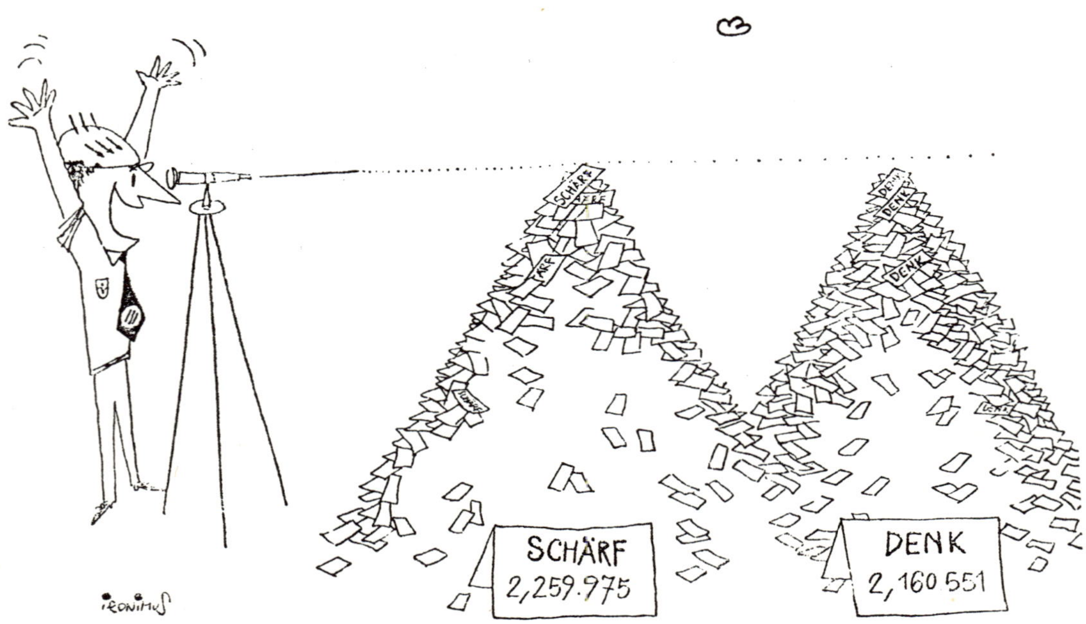

HURRA! HAARSCHARFER SIEG · 1957

POLITISCHER FASCHINGSRUMMEL · 1959

Innenminister Oskar Helmer, Außenminister Leopold Figl, Handelsminister Fritz Bock, Verteidigungsminister Ferdinand Graf, Verkehrsminister Karl Waldbrunner, Vizekanzler Bruno Pittermann, Bundeskanzler Julius Raab

AM WELTMILCHTAG WIRD LEOPOLD FIGL NATIONALRATSPRÄSIDENT · 1960

DER KAMPF UM DIE ABGEORDNETENSITZE · 1959

PROFESSOR SCHÖNBAUER STEIGT IN DIE POLITIK EIN · 1959

VISION AM WAHLTAG · 1959

MIT EINEM BLAUEN AUGE · 1959

DIE LETZTEN SIND VON UNS GEGANGEN · 1959

SCHWIERIGE TAGE · 1959

Bundeskanzler Julius Raab bildet neue Regierung

SESSELVERTEILUNG – VIELE HÜTE, WENIG KÖPFE · 1959
Vizekanzler Bruno Pittermann und Bundeskanzler Julius Raab

DIE HARTE NUSS · 1959
Julius Raab, Leopold Figl

VERWICKELTE VERHANDLUNGEN · 1959

SPÖ-Bundesparteivorsitzender Bruno Pittermann, ÖVP-Bundesparteiobmann Julius Raab

VERBISSENE VERHANDLUNGEN UM DIE REGIERUNGSBILDUNG · 1959

SPÖ-Bundesparteivorsitzender Bruno Pittermann, ÖVP-Bundesparteiobmann Julius Raab

SLALOM · 1959
Vizekanzler Bruno Pittermann, Bundeskanzler Julius Raab

WAS DER BRUNO NICHT KENNT, FRISST ER NICHT · 1959
Vizekanzler Bruno Pittermann, Bundeskanzler Julius Raab

DER SCHUTZENGEL · 1959
Julius Raab

MÜHSAME EINIGUNG – BITTE RECHT FREUNDLICH! · 1959
Bundeskanzler Julius Raab, Vizekanzler Bruno Pittermann

ALTE REGIERUNG – NEU GEWICKELT · 1960

Unterrichtsminister Heinrich Drimmel, Verteidigungsminister Ferdinand Graf, Sozialminister Anton Proksch, Landwirtschaftsminister Eduard Hartmann, Handelsminister Fritz Bock, Bundeskanzler Julius Raab, Vizekanzler Bruno Pittermann, Verkehrsminister Karl Waldbrunner, Finanzminister Eduard Heilingsetzer, Außenminister Bruno Kreisky, Innenminister Josef Afritsch

SCHULBEGINN · 1960

Julius Raab, Bruno Pittermann, Karl Waldbrunner, Ferdinand Graf, Bruno Kreisky, Anton Proksch, Eduard Heilingsetzer

NOCH SCHONZEIT · 1961

Vizekanzler Bruno Pittermann, Staatssekretär Ludwig Steiner, Staatssekretär Otto Kranzlmayr

DIE WIENER REGIERUNGSKNABEN AUF TOURNEE · 1962

Präsident John F. Kennedy, Bundeskanzler Alfons Gorbach, Außenminister Bruno Kreisky, Staatssekretär Ludwig Steiner

DIE QUAL DER WAHL · 1962

DIE GESCHWÄCHTE LINKE · 1962

EINGEFROREN · 1963

Vizekanzler Bruno Pittermann, Bundeskanzler Alfons Gorbach

ABGEBRANNT · 1963

ZWISCHEN ZWEI STÜHLEN · 1963

DER NEUE BUNDESPRÄSIDENT · 1963
Adolf Schärf, Julius Raab, General Josef Kimmel

DER MITANGEKLAGTE · 1963

DORN IM AUGE · 1963
Vizekanzler Bruno Pittermann

FINANZMINISTER IN NÖTEN · 1963
Josef Klaus

PROVISORISCHE REGIERUNG · 1965
Vizekanzler Bruno Pittermann, Bundeskanzler Josef Klaus

ES KANN DER FRÖMMSTE NICHT . . . · 1964
Vizekanzler Bruno Pittermann, Bundeskanzler Josef Klaus

SCHMUTZIGE WÄSCHE · 1965

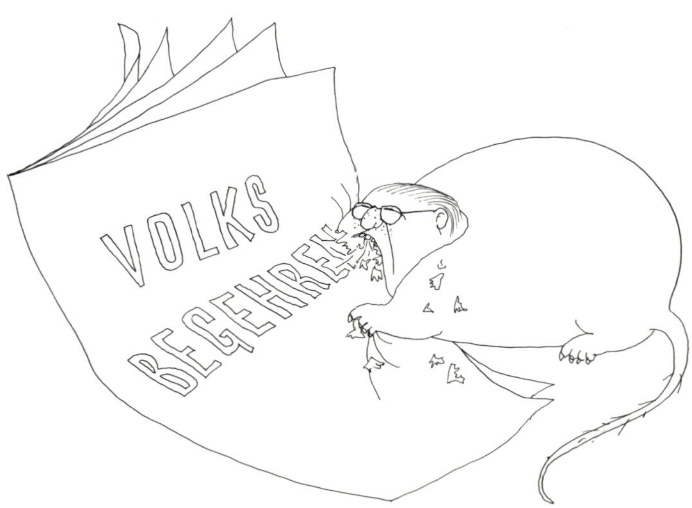

„KNUSPER, KNUSPER BRUNO . . .“ · 1965

FLUCHT IN DIE VERGANGENHEIT · 1965
Vizekanzler Bruno Pittermann

MANN VON FORMAT GESUCHT · 1965
Franz Jonas wird Präsidentschaftskandidat der Sozialistischen Partei

„. . . UND LASS BITTE DEN GROSSEN JONAS PRÄSIDENT WERDEN, AUF DASS ES UNS GUT GEHE AM NÄCHSTEN PARTEITAG . . .“ · 1965

DAMENWAHL · 1965

Präsidentschaftskandidaten: Franz Jonas (SPÖ), Alfons Gorbach (ÖVP)

KLEIN, ABER MEIN · 1965

Franz Jonas wird zum Bundespräsidenten gewählt

KLEIN BRUNO · 1965

Bundeskanzler Josef Klaus, Vizekanzler Bruno Pittermann

DER WILDERER · 1964
Innenminister Franz Olah

DER ROTE HÄUPTLING · 1965

Vizekanzler Bruno Pittermann

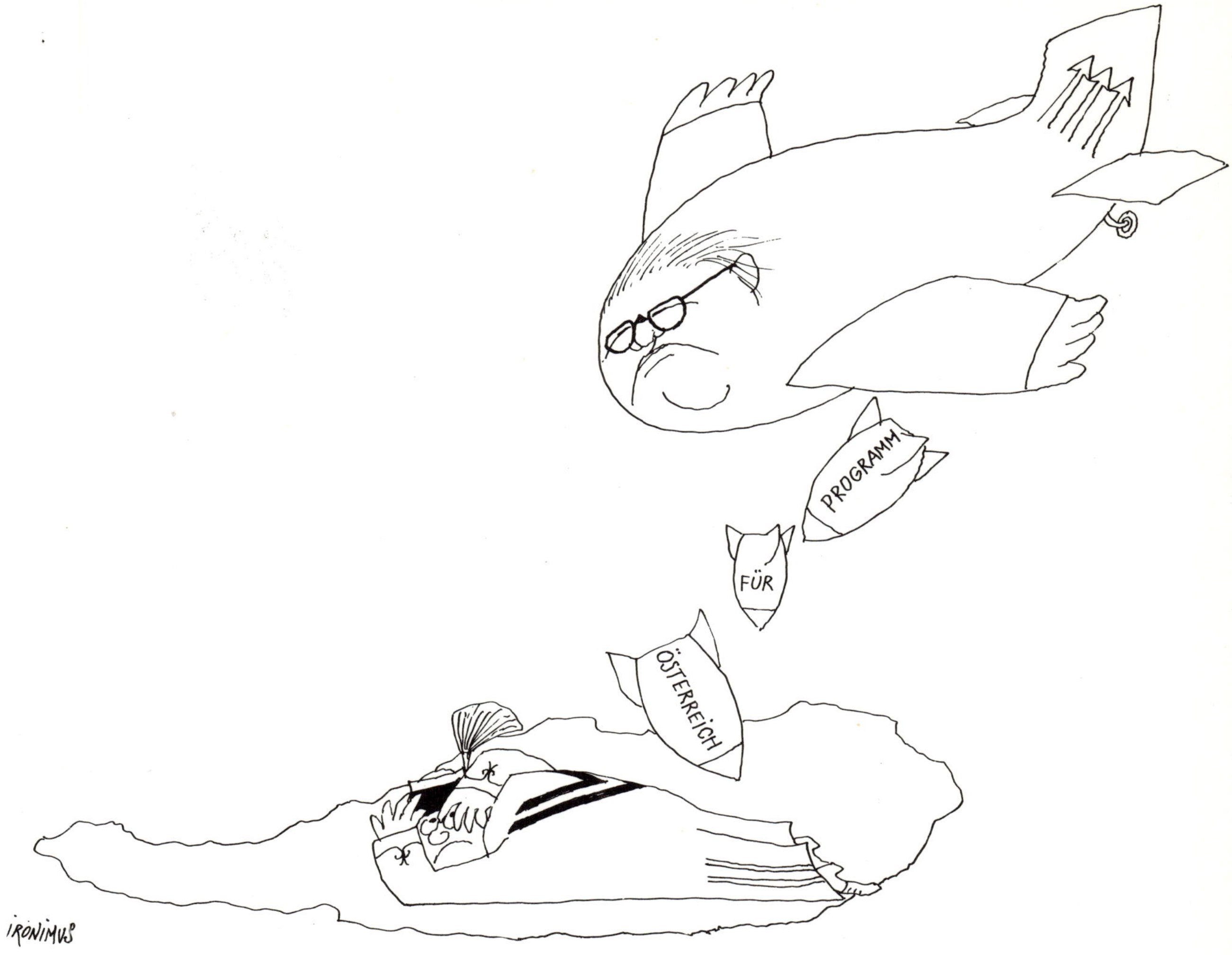

BRUNO PITTERMANNS GROSSANGRIFF · 1965

WIE DU MIR – SO ICH DIR . . . · 1966

Vizekanzler Bruno Pittermann, Bundeskanzler Josef Klaus

IN DIE SCHUHE GESCHOBEN · 1966

Vizekanzler Bruno Pittermann, Bundeskanzler Josef Klaus

AKTION MUNDFUNK · 1966

DIE RUMPFREGIERUNG · 1966
Vizekanzler Bruno Pittermann, Bundeskanzler Josef Klaus

DAS TRAUMMÄNNLEIN · 1966
Vizekanzler Bruno Pittermann

ZUR ROTEN LATERNE · 1966
Vizekanzler Bruno Pittermann

MIT MANN UND ROSS UND WAGEN HAT IHN DER KLAUS GESCHLAGEN · 1966

SPÖ-Bundesparteivorsitzender Bruno Pittermann

... VATER SEIN DAGEGEN SEHR · 1966
SPÖ-Bundesparteivorsitzender Bruno Pittermann

WARTEN AUF DAS ANGEBOT · 1966
SPÖ-Bundesparteivorsitzender Bruno Pittermann

III.

DIE ÖVP-ALLEINREGIERUNG 1966–1970

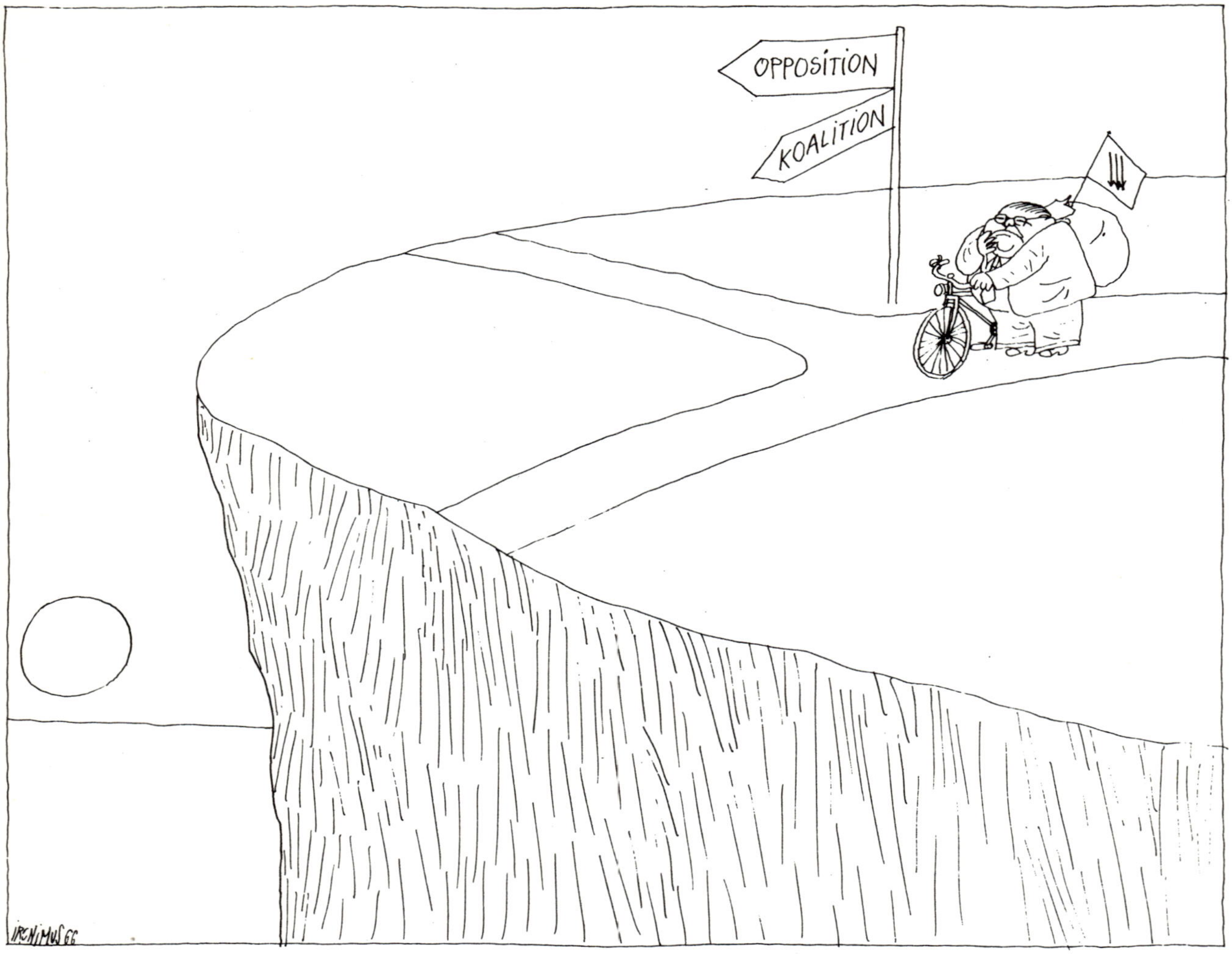

QUO VADIS · 1966
SPÖ-Bundesparteivorsitzender Bruno Pittermann

ROT-WEISS-ROT ZUR SEE · 1966
Die SPÖ geht in die Opposition

GRÖSSER GEWORDEN · 1966
SPÖ-Bundesparteivorsitzender Bruno Pittermann, Bundeskanzler Josef Klaus

DER SONNENKÖNIG · 1966
Bundeskanzler Josef Klaus

IN DER PARLAMENTSGALERIE · 1966
Bundeskanzler Josef Klaus

EIGENLOBER · 1966
Bundeskanzler Josef Klaus

DIE STIEFKINDER · 1967
Unterrichtsminister Theodor Piffl-Perčević, Finanzminister Wolfgang Schmitz

SIEG IM ERSTEN DURCHGANG · 1966
Finanzminister Wolfgang Schmitz

WÜNSCHE AN DEN WEIHNACHTSMANN · 1967
Bundeskanzler Josef Klaus, SPÖ-Bundesparteivorsitzender Bruno Kreisky

OPPOSITIONSBÄCKEREI · 1967
Bundeskanzler Josef Klaus

IN DEN SÜDTIROLER ALPEN · 1967

Bundeskanzler Josef Klaus

EUROPAPOLITIKER · 1967

Ministerpräsident Alexej N. Kossygin, Ministerpräsident Charles de Gaulle, Bundeskanzler Josef Klaus, England-Premier Harold Wilson

DER ERSTE GEBURTSTAG · 1967
Bundeskanzler Josef Klaus

DIE EWG-NUMMER · 1967
Bundeskanzler Josef Klaus in Moskau

DAS GUTE BILD FÜR JEDEN · 1967
SPÖ-Bundesparteivorsitzender Bruno Kreisky

BUDGET-ARTIST · 1967
Finanzminister Wolfgang Schmitz

SCHUTZENGEL? · 1967
Bundeskanzler Josef Klaus, Hermann Withalm

NACH DER WAHLSCHLACHT · 1967
Bundeskanzler Josef Klaus verliert Regionalwahlen

WIENER WÄSCHERMÄDEL · 1968
Bundeskanzler Josef Klaus

50 JAHRE UNSERES LEBENS · 1968

EINLADUNG ZUM PARALLELSCHWUNG · 1968
Bundeskanzler Josef Klaus, Bruno Kreisky

„NEUTRALITÄT“ · 1968
Bundeskanzler Josef Klaus' besondere Lage

KÖNIG UND KRONPRINZ · 1968

Bundeskanzler Josef Klaus, Vizekanzler Hermann Withalm

ZWEI ZEUGNISSE · 1968

Landesverteidigungsminister Georg Prader

AUSTRIA-STRASSENBAU · 1968

WUNSCHTRAUM EINES DOMPTEURS · 1968
Unterrichtsminister Theodor Piffl-Perčević

VATER SEIN DAGEGEN SEHR · 1968
Unterrichtsminister Theodor Piffl-Perčević

HERZLICHEN GLÜCKWUNSCH ZUM GUTEN BUDGET · 1968
Bundeskanzler Josef Klaus

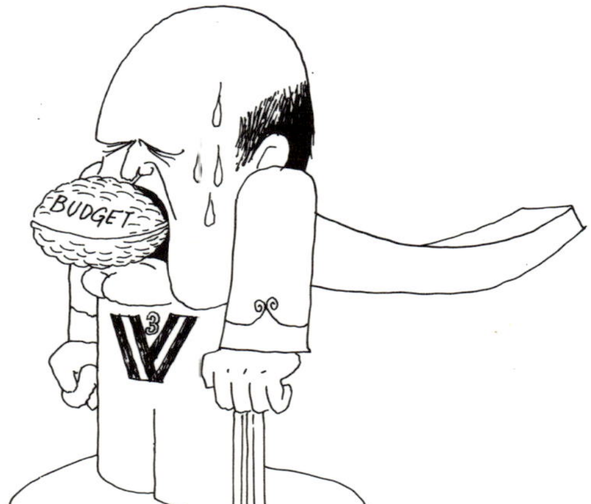

DIE HARTE NUSS · 1968
Bundeskanzler Josef Klaus

DER STAPELLAUF · 1968

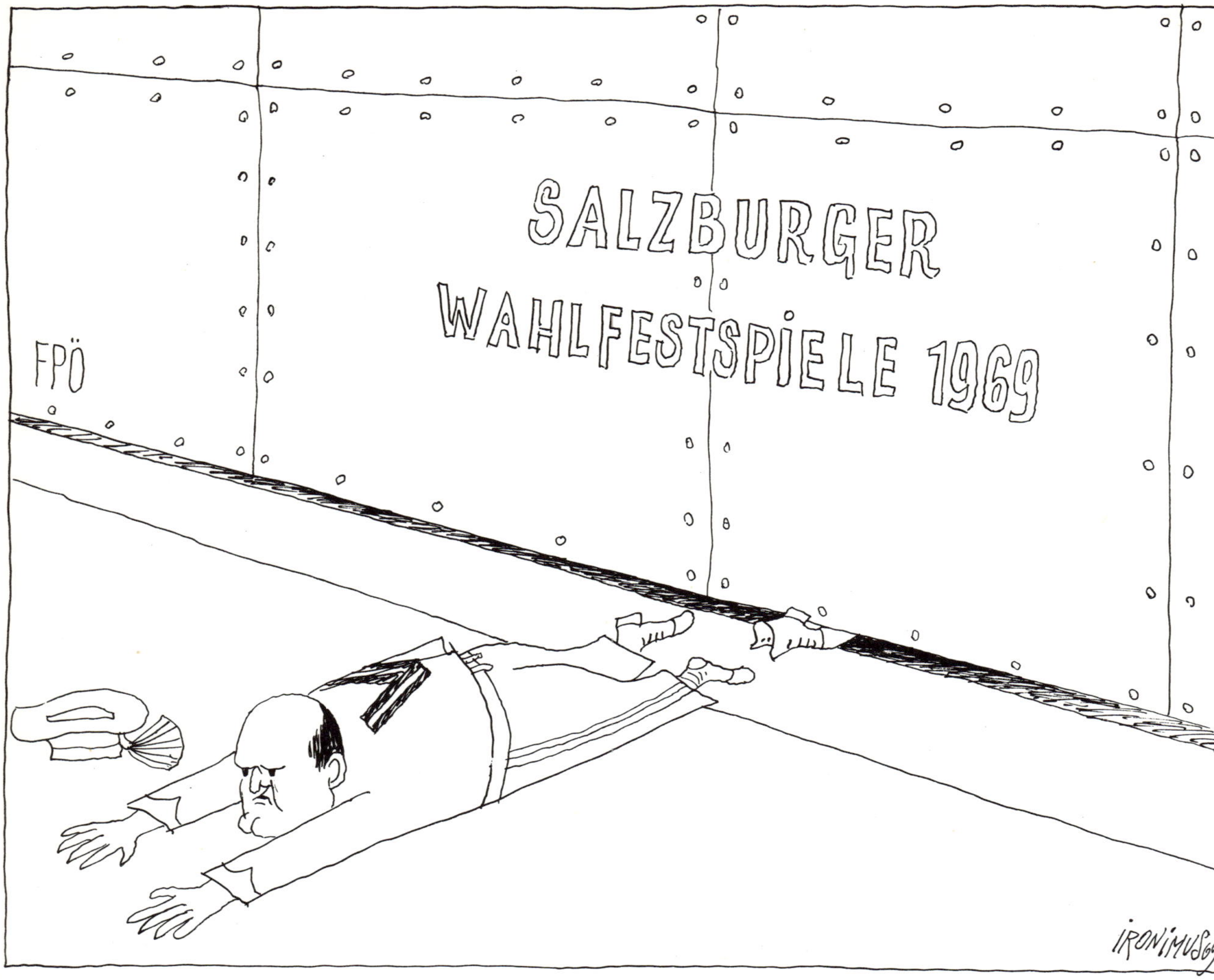

NOCH EINMAL DAVONGEKOMMEN · 1968
Bundeskanzler Josef Klaus

WER SCHREITET SO SPÄT DURCH NACHT UND WIND · 1968

SELBSTBEWEIHRÄUCHERUNG · 1969
Bundeskanzler Josef Klaus

RING FREI ZUR FERNSEHRUNDE · 1970

Bundeskanzler Josef Klaus, SPÖ-Bundesparteivorsitzender Bruno Kreisky

BLA-BLA-BLA-BLASEN · 1970

SPÖ-Bundesparteivorsitzender Bruno Kreisky, Bundeskanzler Josef Klaus

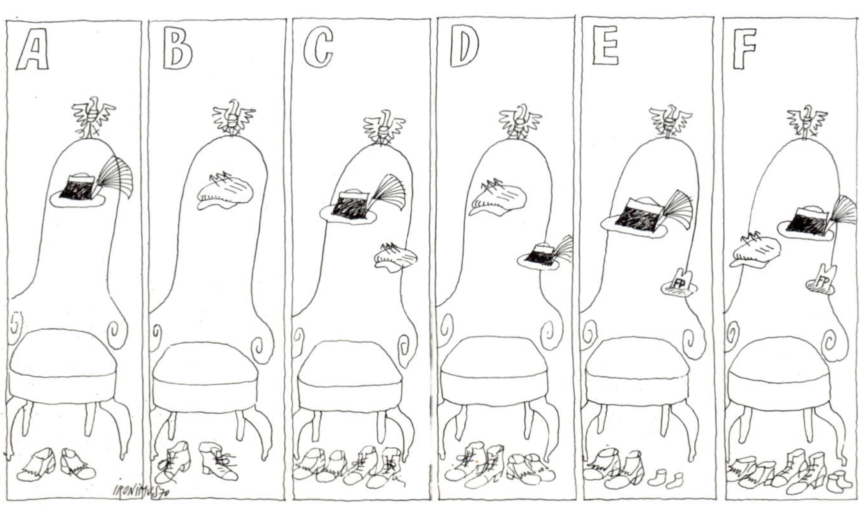

SECHS MÖGLICHKEITEN · 1970

DAS KOALITIONSTEUFELCHEN · 1970

NACH DER WAHL · 1970
Josef Klaus, Bruno Kreisky

ZWEI ZU NULL · 1970
Hermann Withalm, Bruno Kreisky

MENÜ À LA BRUNO · 1970

Bruno Kreisky, Hermann Withalm

PASST NICHT! · 1970
Hermann Withalm, Bruno Kreisky

IV.

DIE SPÖ-ALLEINREGIERUNG 1970–1975

AUF UND AB · 1970

ÖVP-Bundesparteiobmann Josef Klaus, Bundeskanzler Bruno Kreisky

FRÖHLICHE OSTERN · 1970

Bundeskanzler Bruno Kreisky bildet Regierung

DIE GROSSE NUMMER · 1970

Bundeskanzler Bruno Kreisky

DER MINIKANZLER · 1970

Bundeskanzler Bruno Kreisky

VORSCHLAG FÜR DIE IDEALREGIERUNG · 1970

UND STEIGT UND STEIGT UND STEIGT · 1971

PUBLIKUMSLIEBLING
NUMMER EINS · 1971
Bundeskanzler Bruno Kreisky als Heinz Conrads

VIENNA
AUSTRIA!
60
IRONIMUS 1971

BUNDESPRÄSIDENT NEUEN STILS · 1971
Bundespräsident Franz Jonas, Präsidentschaftskandidat Kurt Waldheim

INSERATENKAMPAGNE · 1971
Bundespräsident Franz Jonas und der Wahlhelfer Dietmar Schönherr

SIEGER · 1971

Bundespräsident Franz Jonas, Kurt Waldheim

„FRAAAANZ!“ · 1971

Bundespräsident Franz Jonas, Bundeskanzler Bruno Kreisky

„SCHAU-SCHAU!" · 1971

UNO-Generalsekretär Kurt Waldheim, Bundespräsident Franz Jonas

WIENER BLUT · 1971

Kurt Waldheim, Generalsekretär der UNO

DAS MONSTER · 1971
Bundeskanzler Bruno Kreisky

EIN JAHR KANZLER KREISKY · 1971

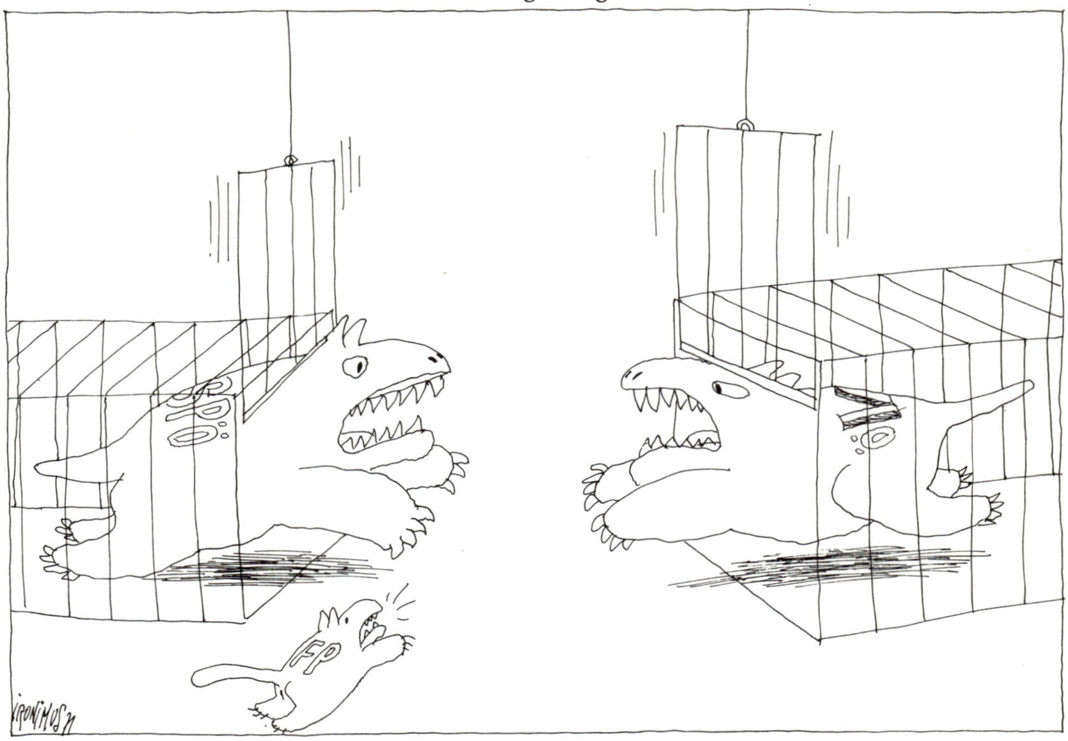

DER WAHLKAMPF BEGINNT · 1971

AUF IN DEN KAMPF · 1971

Bundeskanzler Bruno Kreisky, ÖVP-Bundesparteiobmann Karl Schleinzer

FRAUEN FÜR BRUNO · 1971

Bundeskanzler Bruno Kreisky, Filmschauspielerin Senta Berger

NOCH GRÖSSER GEWORDEN · 1971

ÖVP-Bundesparteiobmann Karl Schleinzer, Bundeskanzler Bruno Kreisky, FPÖ-Bundesparteiobmann Friedrich Peter

DIE PREISE HOCH! · 1971
Verkehrsminister Erwin Frühbauer

GEBEN UND NEHMEN · 1972
Finanzminister Hannes Androsch

DER PREISKONTROLLPLAN · 1972
Innenminister Otto Rösch

DIE GLÄUBIGE MINISTERIN · 1972

Wissenschaftsminister Hertha Firnberg

KARLIS TRAUM · 1972

ÖVP-Bundesparteiobmann Karl Schleinzer, Bundeskanzler Bruno Kreisky

FAMILIENPROBLEM · 1972
Bundeskanzler Willy Brandt, Bundeskanzler Bruno Kreisky, Präsident Richard Nixon, Peter Kreisky

DER BLECHTROMMLER · 1973
Günther Grass, Bundeskanzler Bruno Kreisky

SCHWARZE BAUERN · 1973

Bundeskanzler Bruno Kreisky

SCHÜLERARBEIT · 1973

Finanzminister Helmut Schmidt, Finanzminister Hannes Androsch

ICH NICHT – DER DA! · 1973

Bundeskanzler Bruno Kreisky, Finanzminister Hannes Androsch

DIE BILDUNGSEXPLOSION · 1973
Unterrichtsminister Fred Sinowatz

DER ANGEGRAZTE KÖNIG · 1973
Bundeskanzler Bruno Kreisky

„ICH BIN EIN ARMER WANDERGESELL!" · 1973
Bundeskanzler Bruno Kreisky

ENGELCHEN HERTHA · 1973

Wissenschaftsminister Hertha Firnberg und das Universitätsorganisationsgesetz

DIE ENGEL VOM MINORITENPLATZ · 1973

Wissenschaftsminister Hertha Firnberg, Unterrichtsminister Fred Sinowatz

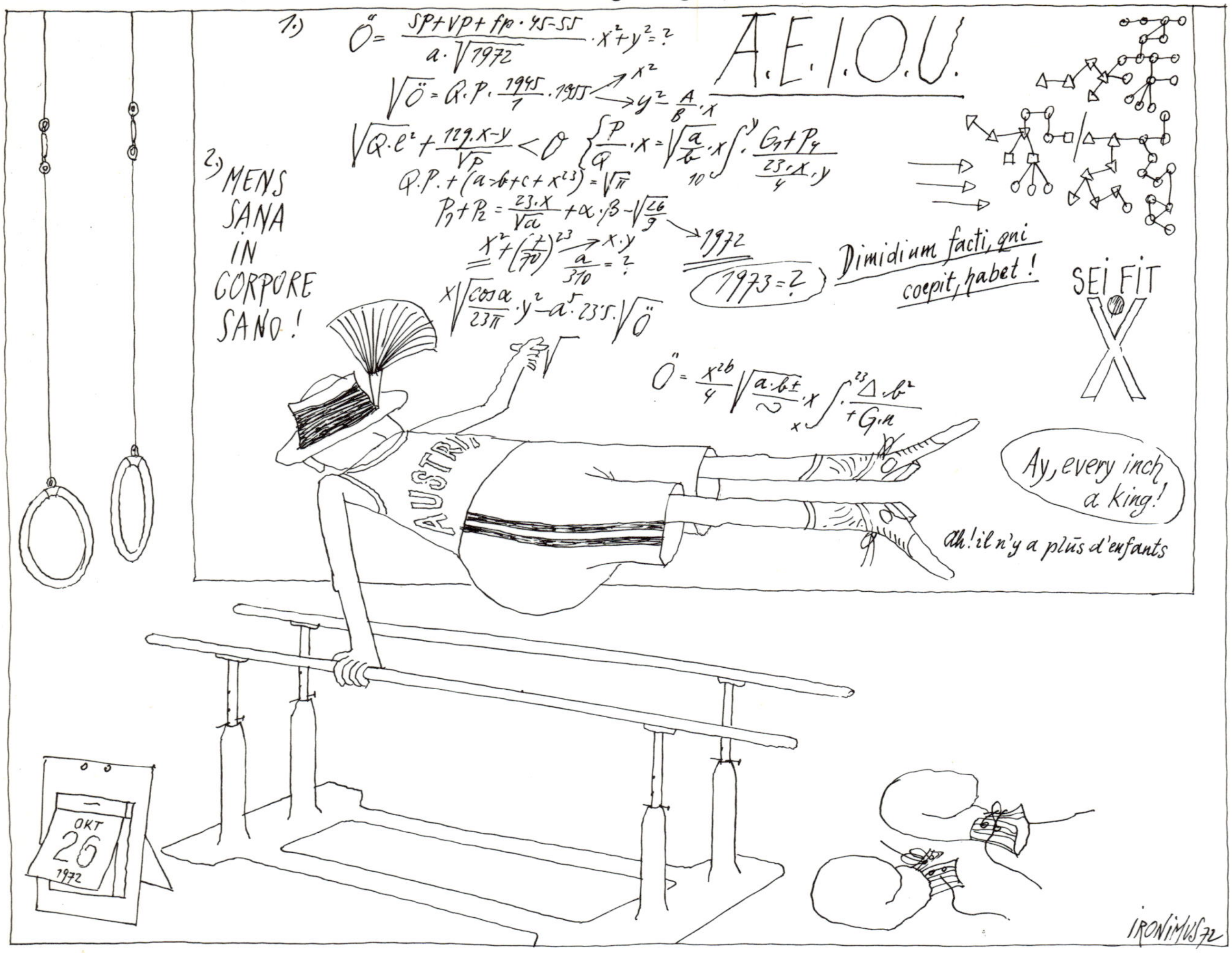

WISSENSCHAFT UND SPORT · 1972

DER JOURNALISTENKANZLER · 1973
Bundeskanzler Bruno Kreisky

VON FETTNÄPFCHEN ZU FETTNÄPFCHEN · 1973
Gesundheitsminister Ingrid Leodolter

JUNGE SOZIALISTEN · 1973
Bundeskanzler Bruno Kreisky

DIE GROSSE STAHLLÖSUNG · 1973
Bundeskanzler Bruno Kreisky

EINRAD – ZWEIRAD – DREIRAD? · 1973
FPÖ-Bundesparteiobmann Friedrich Peter, ÖVP-Bundesparteiobmann Karl Schleinzer, Bundeskanzler Bruno Kreisky

BEN BRUNO · 1973

Ministerpräsident Golda Me'ir, Bundeskanzler Bruno Kreisky

ADLER VOM SCHWARZEN SEPTEMBER · 1973

SALZBURGER NOCKERL · 1974

US-Außenminister Henry Kissinger, US-Präsident Richard Nixon, Bundeskanzler Bruno Kreisky

JURISTENPUTSCH? · 1974
Bundeskanzler Bruno Kreisky

BLICK IN DIE ZUKUNFT · 1974
Bundeskanzler Bruno Kreisky

DER VERHANDLER · 1974
Bundeskanzler Bruno Kreisky

DER DOPPELTE BENYA · 1974

Nationalratspräsident Anton Benya – ÖGB-Präsident Anton Benya

DER LUSTIGE SPARIBACHER · 1974
Handelsminister Josef Staribacher

DER SPARKANZLER · 1974
Bundeskanzler Bruno Kreisky

ANGSTGEGNER · 1974
Bundeskanzler Bruno Kreisky, Bürgermeister Alois Lugger

ÖSTERREICHER UNTERWEGS · 1974
Präsidentschaftskandidat Rudolf Kirchschläger

DIE BEIDEN K · 1974

Bundespräsident Rudolf Kirchschläger, Bundeskanzler Bruno Kreisky

KIRCHE UND PARTEI · 1974

Bundeskanzler Bruno Kreisky

DIE TESTWAHL · 1974

DIE ORF-WAHL · 1974
Bundeskanzler Bruno Kreisky

NACH DER WAHL · 1974
Bundeskanzler Bruno Kreisky

KUNST INS VOLK · 1974
Unterrichtsminister Fred Sinowatz

TASCHENSPIELER · 1975
Bundeskanzler Bruno Kreisky

„ICH BIN KEIN SESSELKLEBER" · 1975
Bundeskanzler Bruno Kreisky

UNTER DENKMALSCHUTZ? · 1975
Bundeskanzler Bruno Kreisky

1962 1963 1964 1965 1965 1965

1966 1968 1970 1971 1972

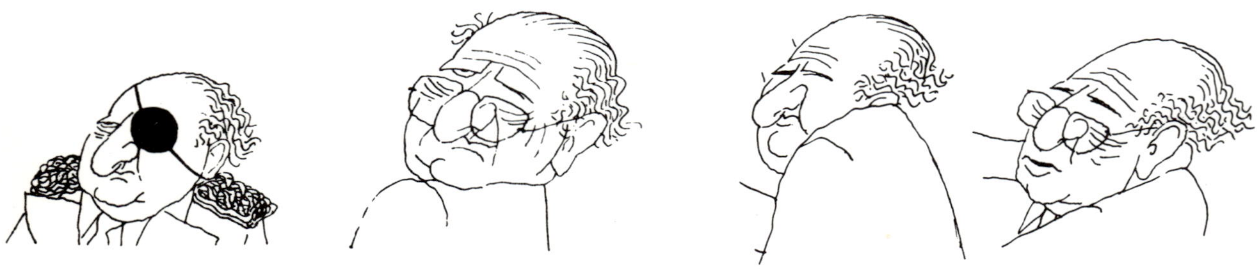

1973 1973 1973 1974

1974 1974 1975 1975

BRUNO KREISKY, DER KARIKATURISTENKANZLER

V.

DIE SOZIALISTISCHE PARTEI ÖSTERREICHS

RECHTS SCHWENKT . . . · 1956

SUCHE NACH DER NEUEN LINIE · 1957

Vizekanzler Bruno Pittermann

MAIAUFMARSCH IM ZEICHEN DES FORTSCHRITTS · 1959

Wahlkampfführer Bruno Pittermann

DIE SENDUNG DES VIZEKANZLERS · 1959

DIE HABSBURG-MAUER · 1963
Otto Habsburg

DROHENDE SONNENFINSTERNIS · 1964

PARTEIEXEKUTIVE · 1964

Vizekanzler Bruno Pittermann

DIE HELDEN VON FUSSACH · 1965

Verkehrsminister Otto Probst und Vizekanzler Bruno Pittermann nach der mißglückten Schiffstaufe in Vorarlberg

DER WAHLREDNER · 1966
Vizekanzler Bruno Pittermann

NEUE REFORM, ALTER HUT · 1966
Vizekanzler Bruno Pittermann

PATER BRUNO UND DIE FEIERTAGSGLOCKE · 1966
Vizekanzler Bruno Pittermann

SELBST IST DER MANN · 1966
Justizminister Christian Broda

MINISTER IN NOT · 1966
Justizminister Christian Broda

ABSCHUSSZEIT · 1966
Justizminister Christian Broda, Vizekanzler Bruno Pittermann, Verkehrsminister Otto Probst

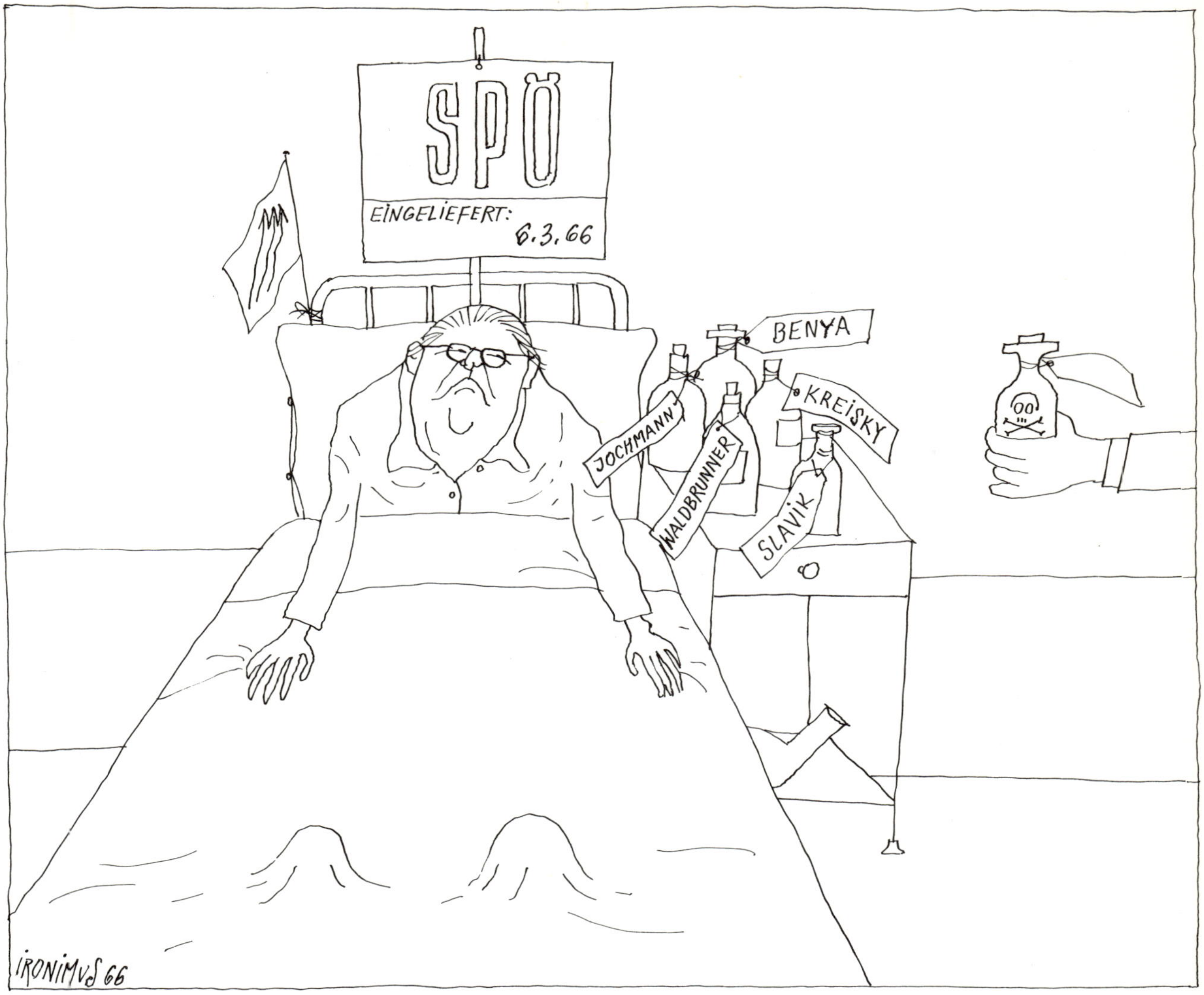

SCHLEICHENDE KRANKHEIT · 1966
Vizekanzler Bruno Pittermann

DAS VERLORENE GESICHT · 1966
Vizekanzler Bruno Pittermann

WIE FINDE ICH DEN AUSWEG AUS DER FÜHRUNGSKRISE?
IRONIMUS 66

DIE KLASSENARBEIT · 1966

Vizekanzler Bruno Pittermann,
Präsident des Nationalrats Karl Waldbrunner,
Außenminister Bruno Kreisky

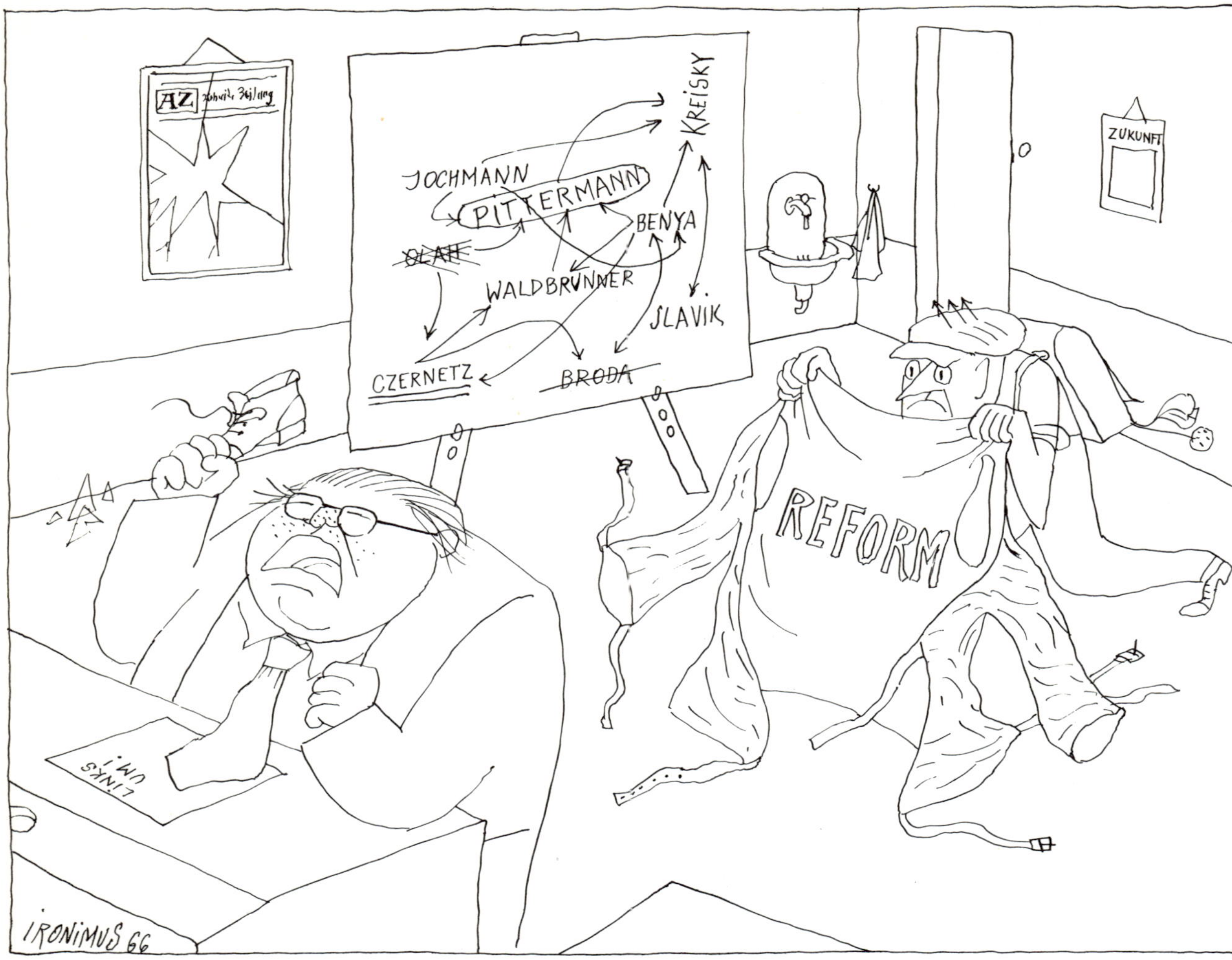

DER KLASSENKAMPF · 1966

Vizekanzler Bruno Pittermann

GENOSSE DER „ZUKUNFT" · 1966

IM ROTEN HIMMEL · 1966
Adolf Schärf, Theodor Körner, Karl Renner, Oskar Helmer

ZU VIELE FLÜGEL · 1966
SPÖ-Bundesparteivorsitzender Bruno Pittermann

DAS NEUE AUSHÄNGESCHILD · 1967
Bruno Kreisky löst Bruno Pittermann als Parteichef ab

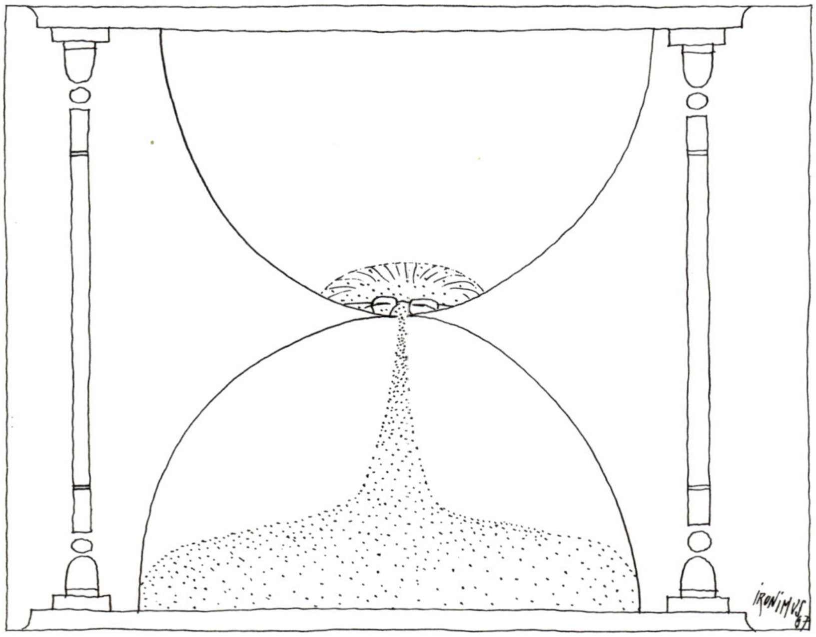

WIE GEWONNEN . . . · 1967
Bruno Pittermann

AUF SCHWARZER ERDE · 1967

Bruno Pittermann und Bruno Kreisky

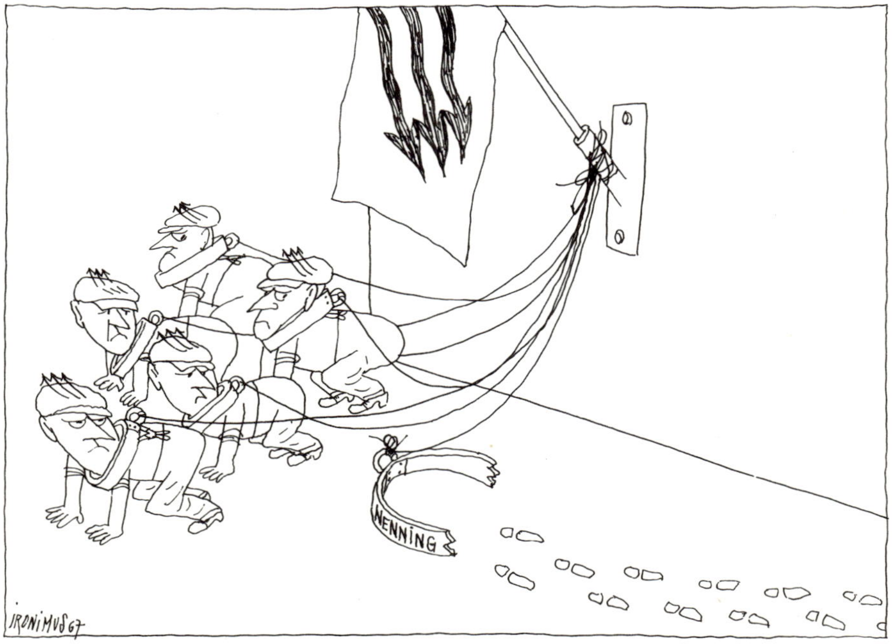

PARTEIJOURNALISTEN · 1967

Günther Nenning versucht Parteifesseln abzustreifen

BRUNO II SIEHT BRUNO I · 1970

Bruno Pittermann und die ORF-Diskussion Klaus – Kreisky

DER BART MUSS AB . . . · 1971
Bundeskanzler Bruno Kreisky

PARTEIHYPNOSE · 1972
Bundeskanzler Bruno Kreisky am SPÖ-Parteitag

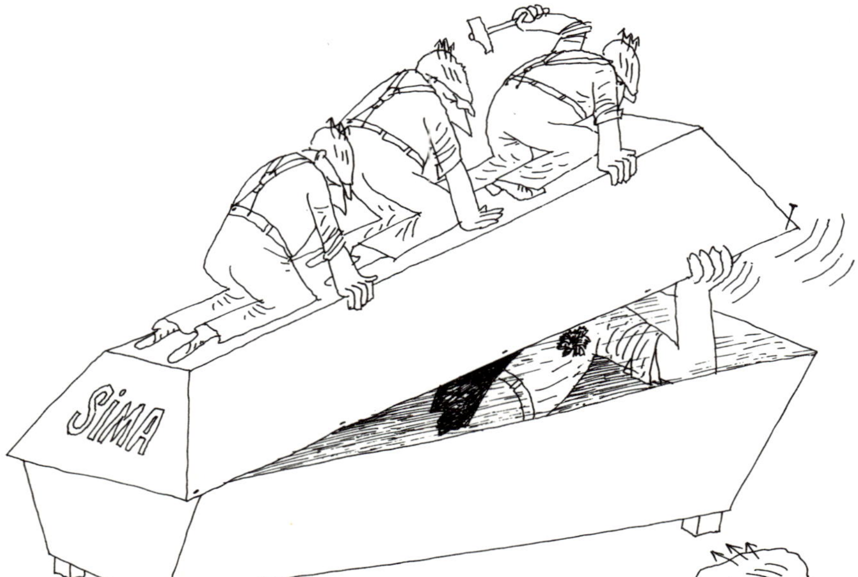

POLITISCHER LEICHNAM · 1973
Der Kärntner SPÖ-Landeshauptmann Sima wehrt sich vergeblich gegen seine Absetzung

DER POMFUNEBRE · 1973

Bruno Kreisky verliert die drei Genossen Felix Slavik, Hans Sima, Gustav Scherbaum

HINTER IHM – DA GEHT EINER . . . · 1973

Bundeskanzler Bruno Kreisky und der mächtige Gewerkschaftsbund

WIENER TRAGÖDIE · 1973
Nationalratspräsident Otto Probst und Bundeskanzler Bruno Kreisky

IM STERNWARTEPARK · 1973
Bürgermeister Felix Slavik erleidet Niederlage bei der Volksbefragung gegen die Verbauung des Sternwarteparkes

DAS KRONPRINZENPAAR · 1974

Finanzminister Hannes Androsch, Bundeskanzler Bruno Kreisky, Bürgermeister Leopold Gratz

DER ROSAROTE BRUNO IN ARABIEN · 1975

VI.

DIE ÖSTERREICHISCHE VOLKSPARTEI

DER FRÖHLICHE WEINBERGER · 1959

Vizebürgermeister Lois Weinberger

DIE NACHWUCHSGARDE DER ÖVP-WIEN · 1959

UNTER EINEM HUT? · 1958

DIE GROSSE REFORM · 1960

FINANZMINISTER GESUCHT · 1960

ÖVP-GLADIATORENKÄMPFE · 1963

Auf der Tribüne: Außenminister Bruno Kreisky, Innenminister Franz Olah, Vizekanzler Bruno Pittermann

Die Österreichische Volkspartei

DIE AHNENGALERIE · 1963

Drei Bundeskanzler: Leopold Figl, Julius Raab, Alfons Gorbach

DIE ÜBERGABE · 1964
Bundeskanzler (a. D.) Alfons Gorbach, Bundeskanzler Josef Klaus

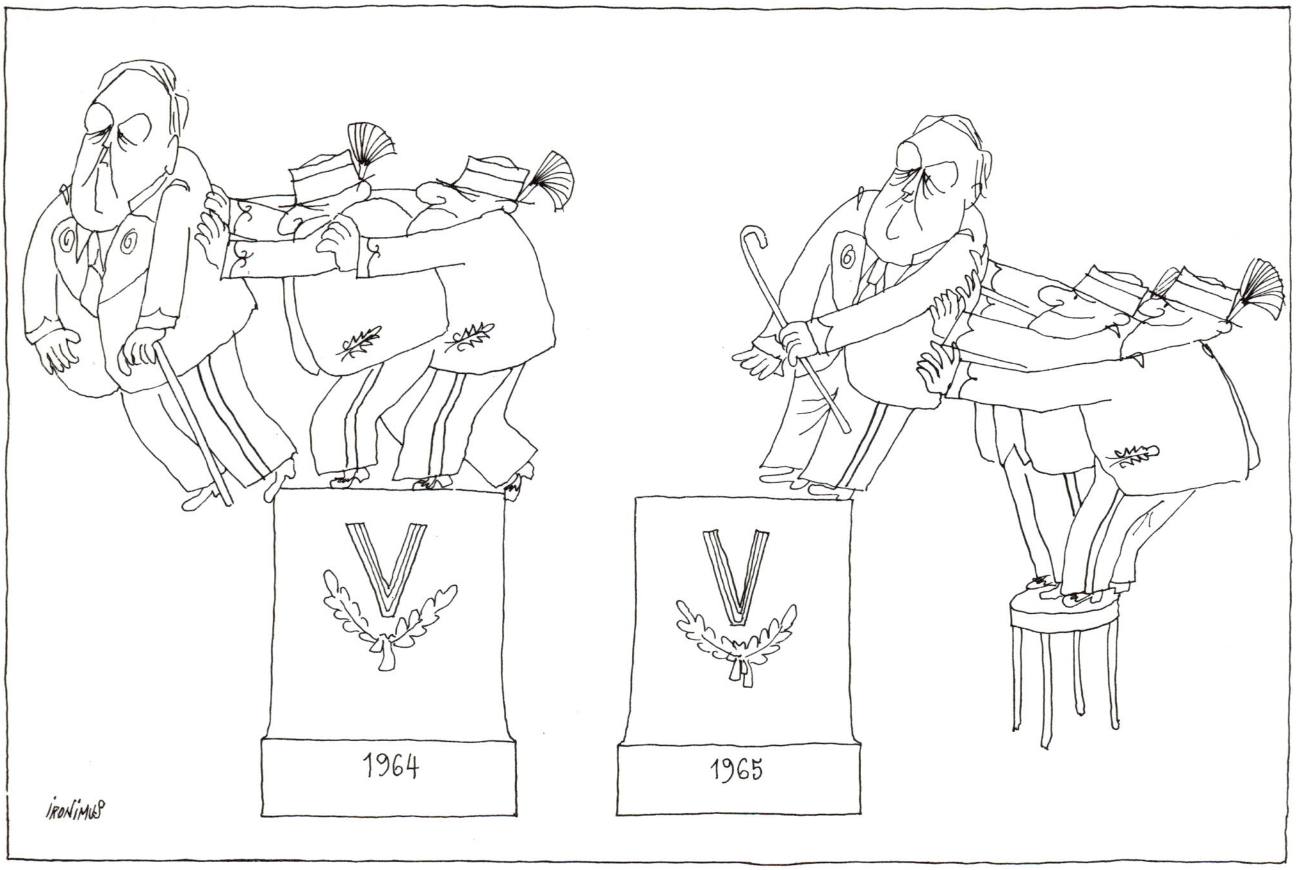

ALFONS REDIVIVUS · 1965
Alfons Gorbach wird VP-Präsidentschaftskandidat

ÖAAB-STOSSTRUPP · 1965
Landesverteidigungsminister Georg Prader

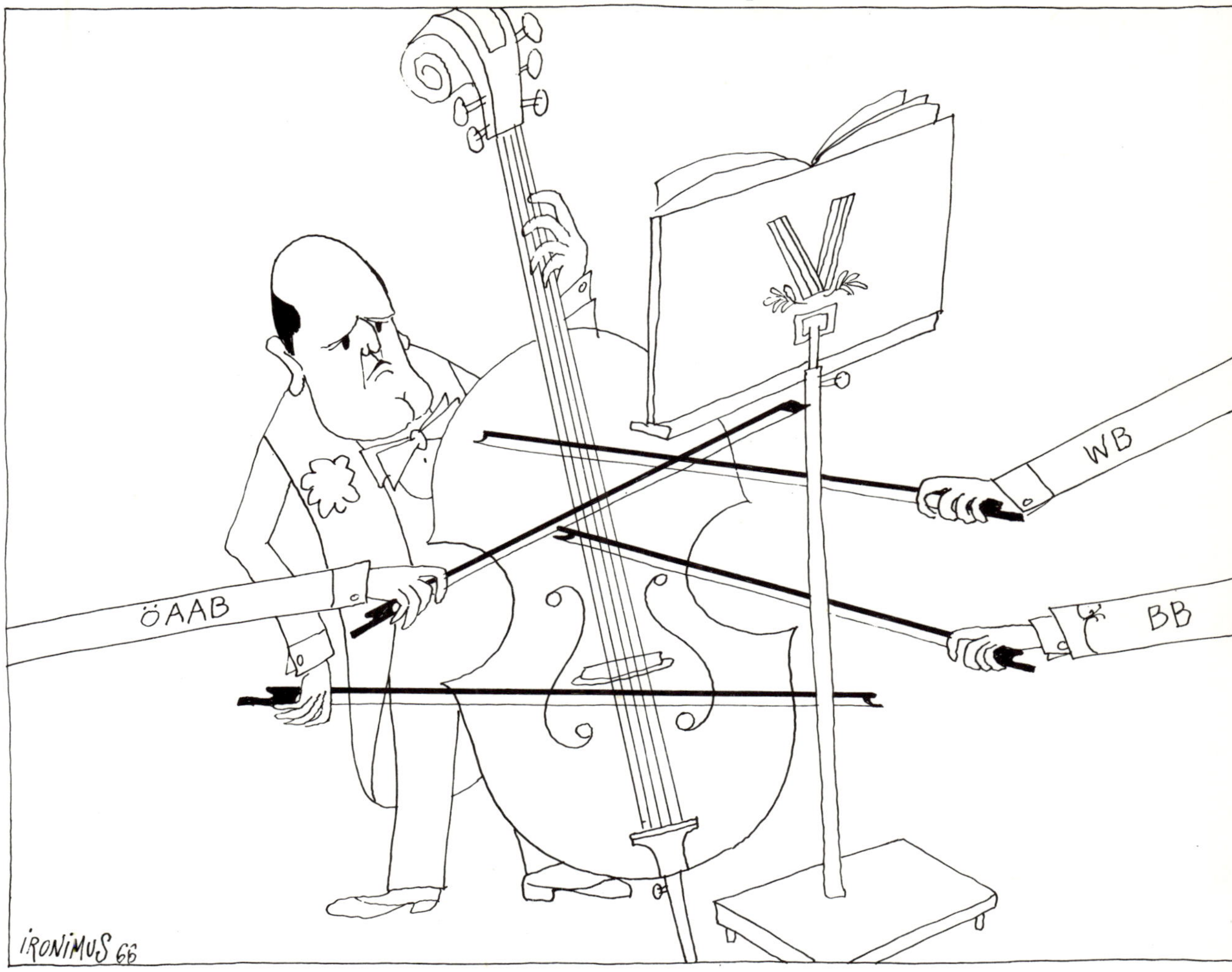

DIE GROSSE GEIGE · 1966
Bundeskanzler Josef Klaus

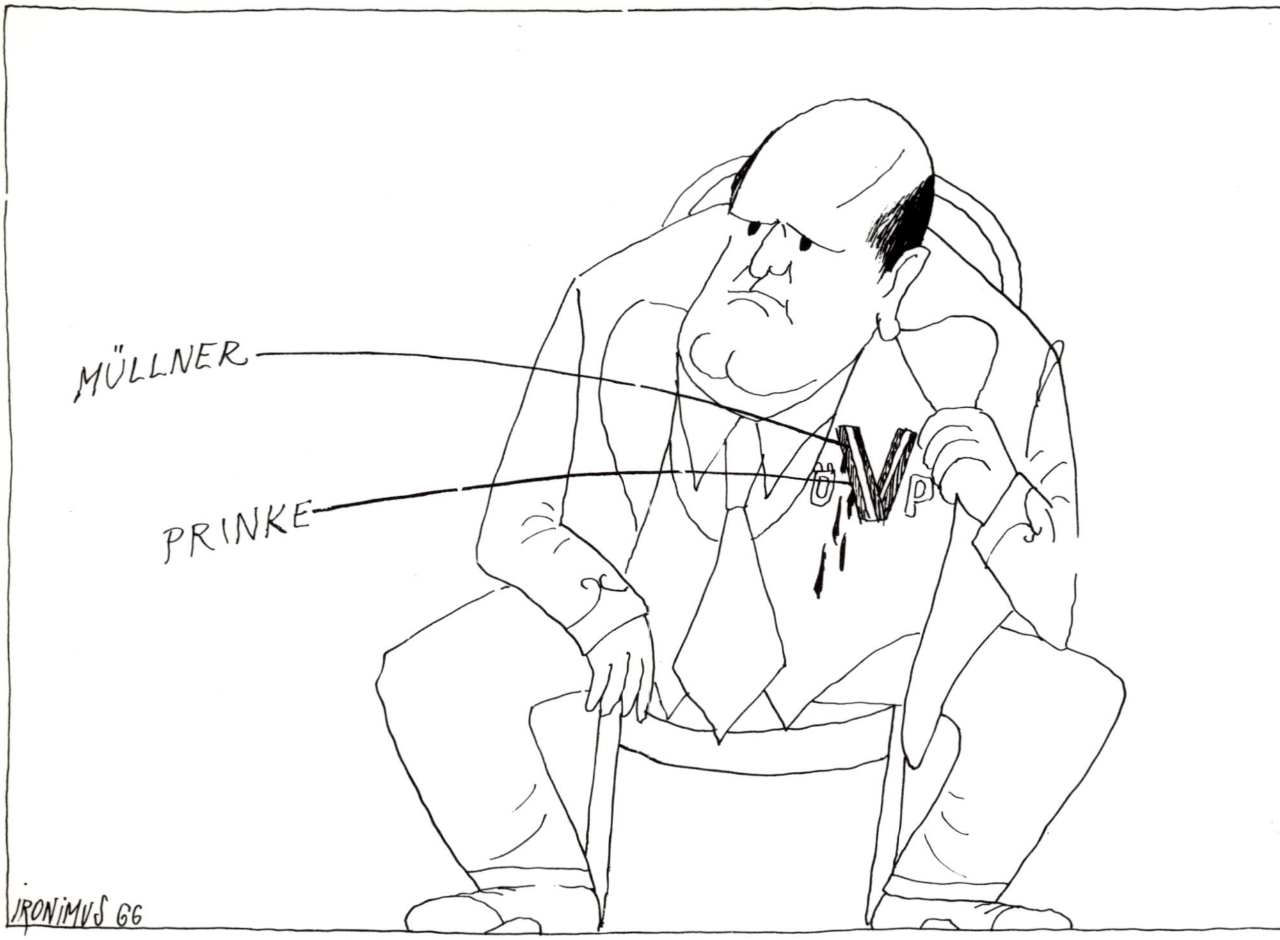

PFEILE IM ÖVP-HERZEN · 1966
Bundeskanzler Josef Klaus

NIEDERÖSTERREICHISCHER NACHWUCHS · 1966
Im Bild: Landeshauptmann Leopold Figl, Bundeskanzler Julius Raab

STURM ÜBER DER SÜDSTADT · 1966

DAS HÄSSLICHE WORT · 1968
Bundeskanzler Josef Klaus

„ÖSTERREICH DREI" · 1968
Vizekanzler Hermann Withalm, Bundeskanzler Josef Klaus

„DIE PANHANSLN“ · 1968

Bundeskanzler Josef Klaus und Vizekanzler Hermann Withalm – Parteitag am Semmering

DIE DREI MUSKETIERE · 1968

Vizekanzler Hermann Withalm, Staatssekretär Karl Pisa, Bundeskanzler Josef Klaus

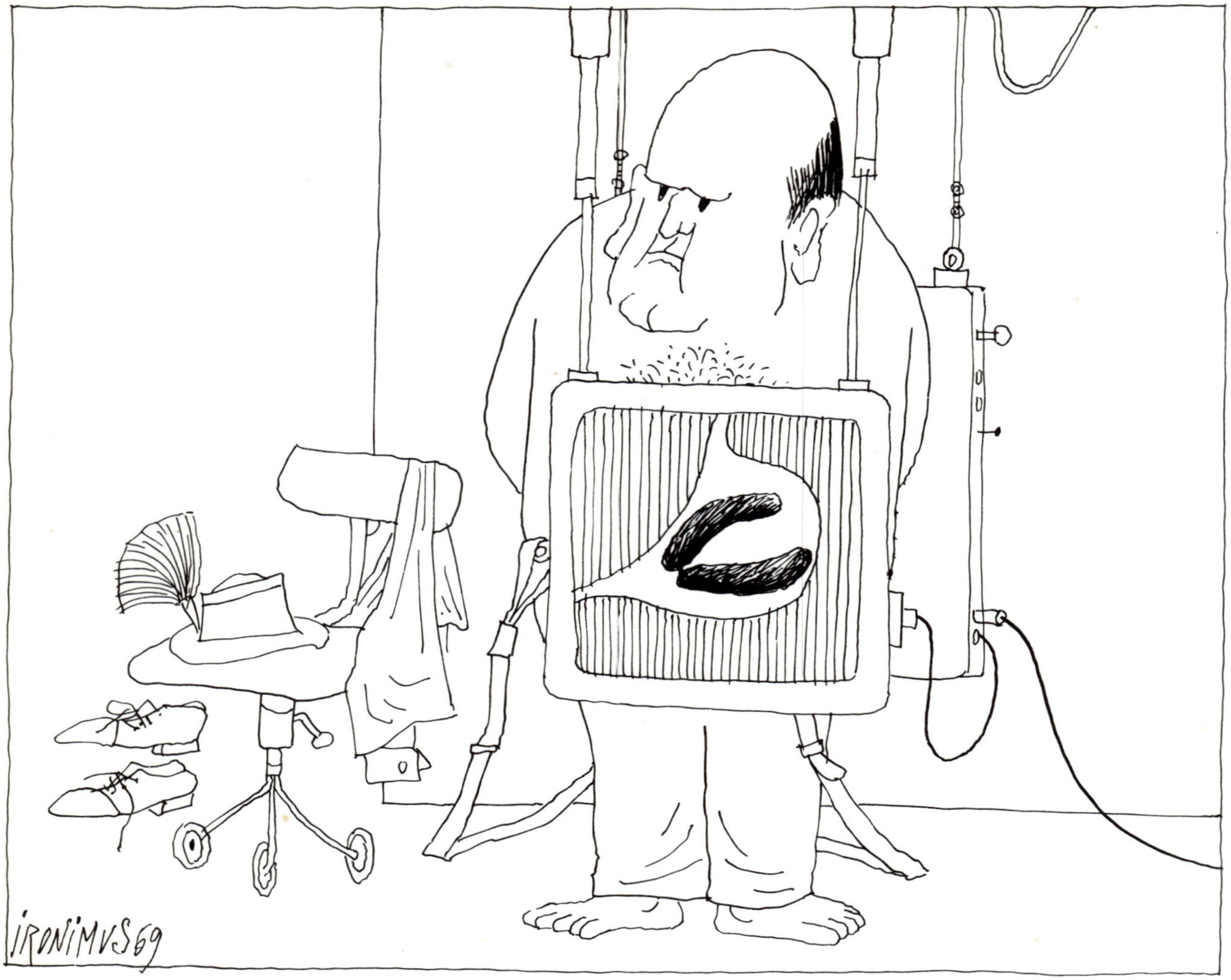

„KRAINER“ · 1969

Bundeskanzler Josef Klaus und seine Sorgen mit dem steirischen Landeshauptmann Josef Krainer

PRINZ HAMLETA · 1970

2. Präsident des Nationalrats Alfred Maleta

DIE JUNGEN FOHLEN · 1970

ÖVP-Bundesparteiobmann Karl Schleinzer

ÖVP-PROBLEM = FÜHRUNGSPROBLEM · 1971

DAS PARTEI-TIEF · 1971
Hermann Withalm

DER NEUE BEGINN · 1971
Karl Schleinzer

EIN STAR VERLÄSST DIE BÜHNE · 1971
Abgeordneter Hermann Withalm

DER SCHWEIGEMARSCH · 1971

PENSIONISTEN UNTER SICH · 1971
Josef Klaus, Hermann Withalm

„GEWACHSEN" · 1971

Bundeskanzler Bruno Kreisky, ÖVP-Bundesparteiobmann Karl Schleinzer

DER ANFÄNGER · 1971
Alois Mock

WACHSTUMSSORGEN · 1972
ÖVP-Bundesparteiobmann Karl Schleinzer

DER KLOTZ AM BEIN · 1972
ÖVP-Bundesparteiobmann Karl Schleinzer

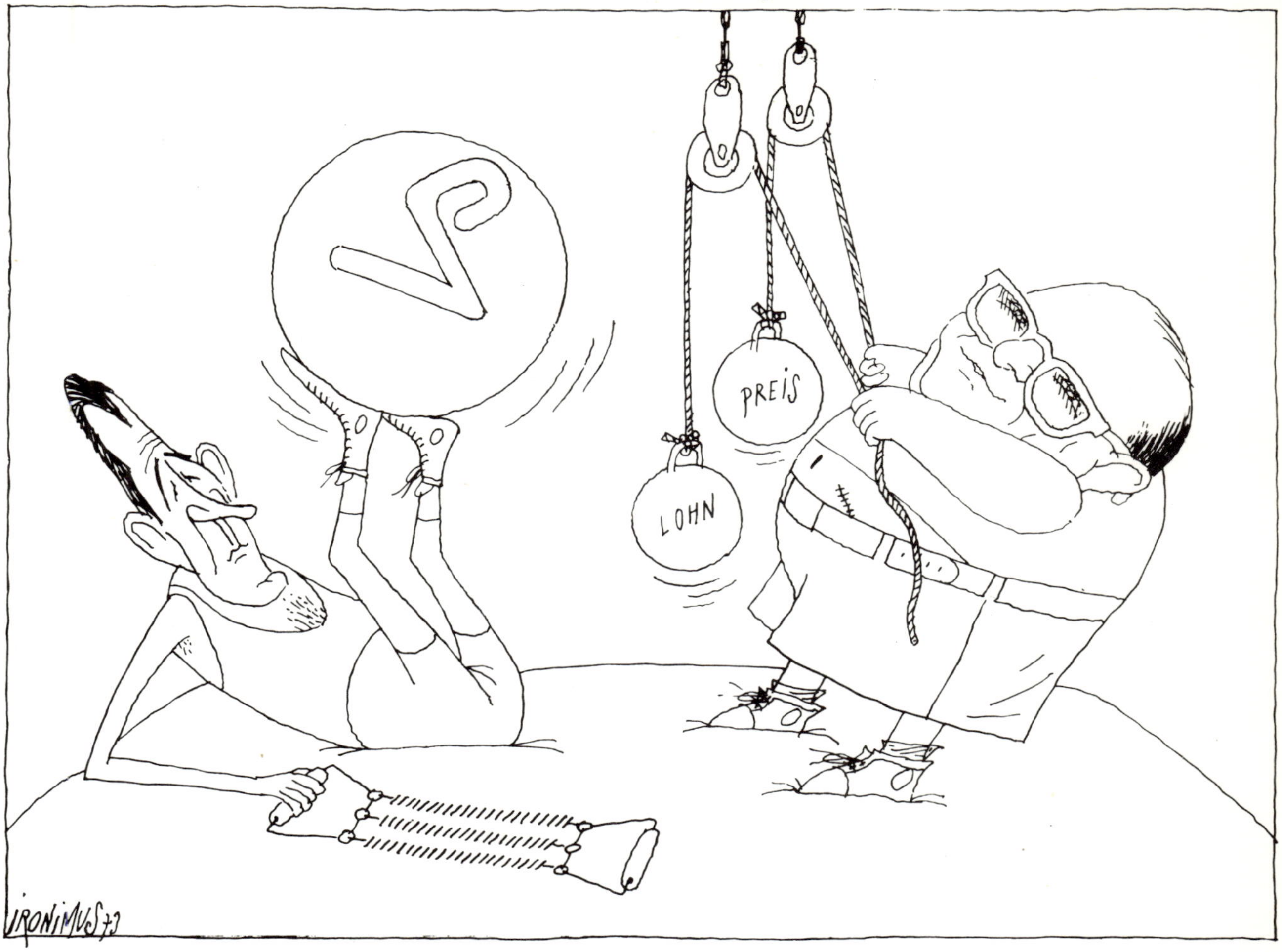

REKONVALESZENTENTURNEN · 1973

ÖVP-Bundesparteiobmann Karl Schleinzer, Rudolf Sallinger, Präsident der Kammer der gewerblichen Wirtschaft

DIE ALTERNATIVE · 1974

NEUER KOREN-PLAN · 1974

ÖVP-Klubobmann Stephan Koren, ÖVP-Bundesparteiobmann Karl Schleinzer

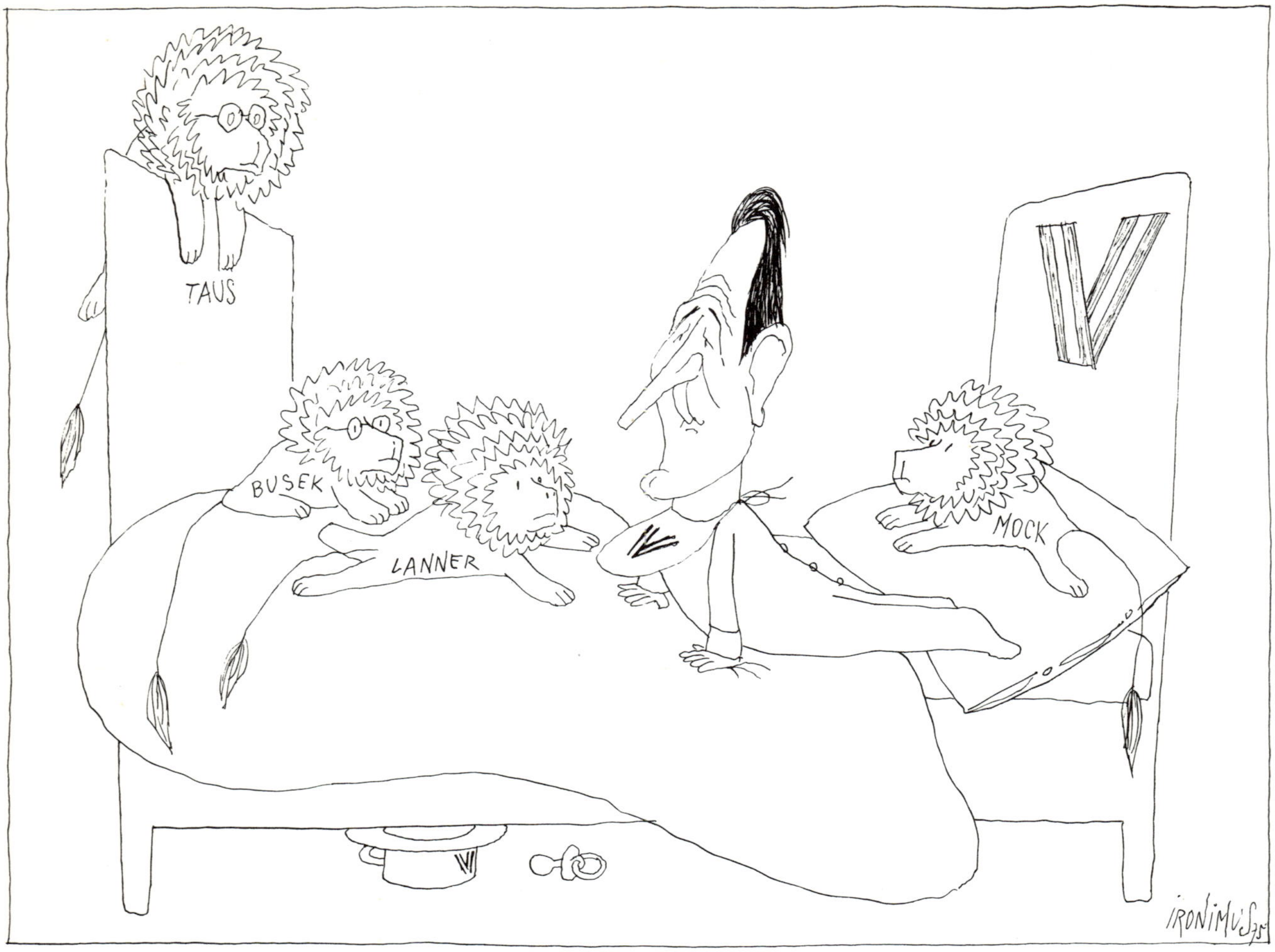

KARLI UND DIE JUNGLÖWEN · 1975
Josef Taus, Sixtus Lanner, Erhard Busek, Karl Schleinzer, Alois Mock

VII.

DIE FREIHEITLICHE PARTEI ÖSTERREICHS

Die Freiheitliche Partei Österreichs

POLITISCHES KASPERLTHEATER · 1963

ABGESTEMPELT · 1963

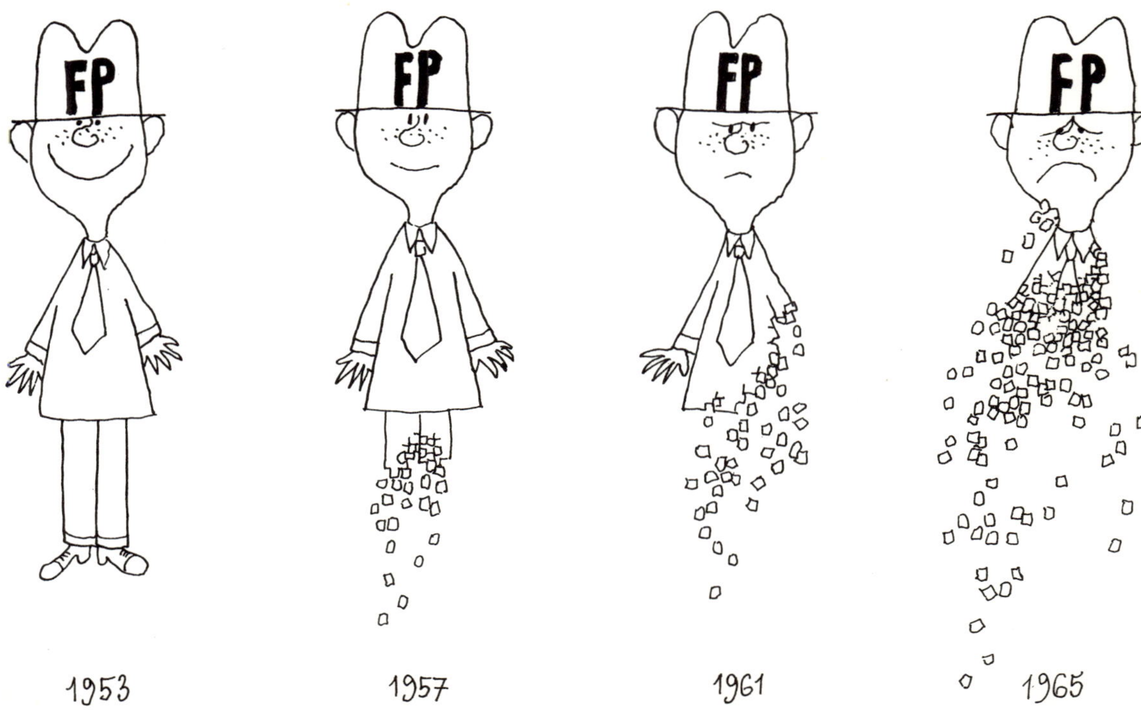

CHRONISCHE SCHWINDSUCHT · 1965

ZUR KUR NACH ISCHL · 1968

GEWACHSEN · 1969
Freiheitliche Wahlgewinne

KLEINER, GROSSER SIEGER · 1969

„SCHWARZER PETER“ · 1970

SOOOO GROSS · 1970

Wahlgewinne Friedrich Peters, Bruno Kreisky und Josef Klaus

LINKSWALZER · 1970

FPÖ-Bundesparteiobmann Friedrich Peter und Bundeskanzler Bruno Kreisky

DER KÖDER · 1970

Bundeskanzler Bruno Kreisky reformiert das Wahlsystem

DAS AUSHÄNGESCHILD · 1971
Wilfried Gredler kandidiert für den Nationalrat

SPÄTE LIEBESMÜH · 1971

ÖVP-Klubobmann Stephan Koren wirbt um FPÖ-Bundesparteiobmann Friedrich Peter

DER SCHAUKELPOLITIKER · 1971

FPÖ-Bundesparteiobmann Friedrich Peter zwischen den Parteien

DIE SUCHE NACH DER RICHTUNG · 1970
Karikatur auf ein FPÖ-Wahlplakat

DAS SCHWARZE SCHAF · 1972
FP-Abgeordneter Gernulf Stix bricht aus der Parteidisziplin aus

PETER DER GROSSE · 1972
FPÖ-Bundesparteiobmann Friedrich Peter erzielt Bundesländer-Wahlerfolge

„BEIDES PROBIERT – KEIN VERGLEICH“ · 1971
FPÖ-Bundesparteiobmann Friedrich Peter

ES WIRD WEITER GESCHAUKELT · 1972

FPÖ-Bundesparteiobmann Friedrich Peter

DAS MÄUSCHEN KÄMPFT WEITER · 1974

Friedrich Peter wird als Parteiobmann wieder bestätigt

ALLZEIT BEREIT · 1974

Bundeskanzler Bruno Kreisky, FPÖ-Bundesparteiobmann Friedrich Peter, ÖVP-Bundesparteiobmann Karl Schleinzer

VIII.

DER ÖSTERREICHISCHE RUNDFUNK

DER ERBONKEL · 1955

Die Sendergruppe ROT-WEISS-ROT stellt den Betrieb ein

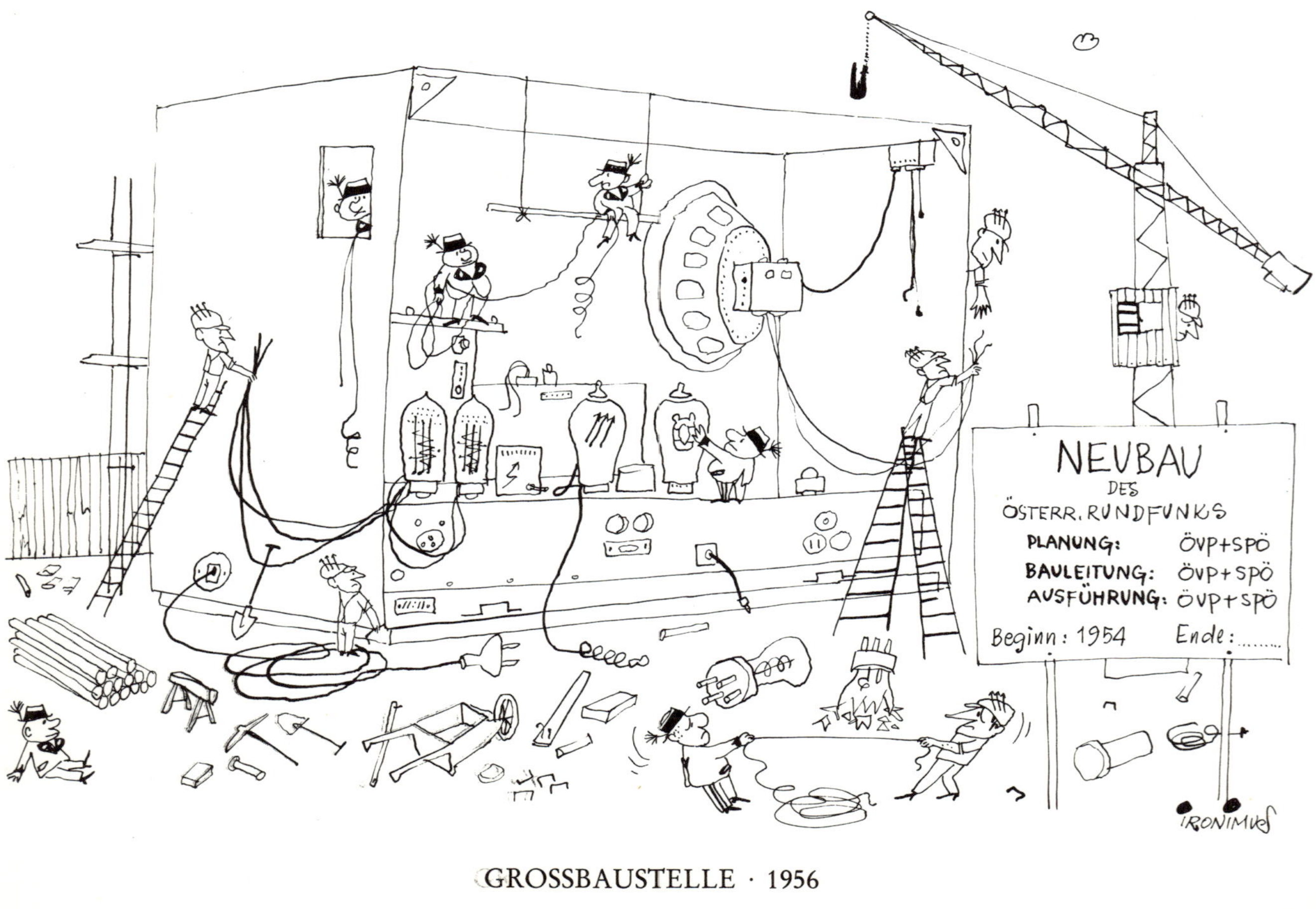

GROSSBAUSTELLE · 1956

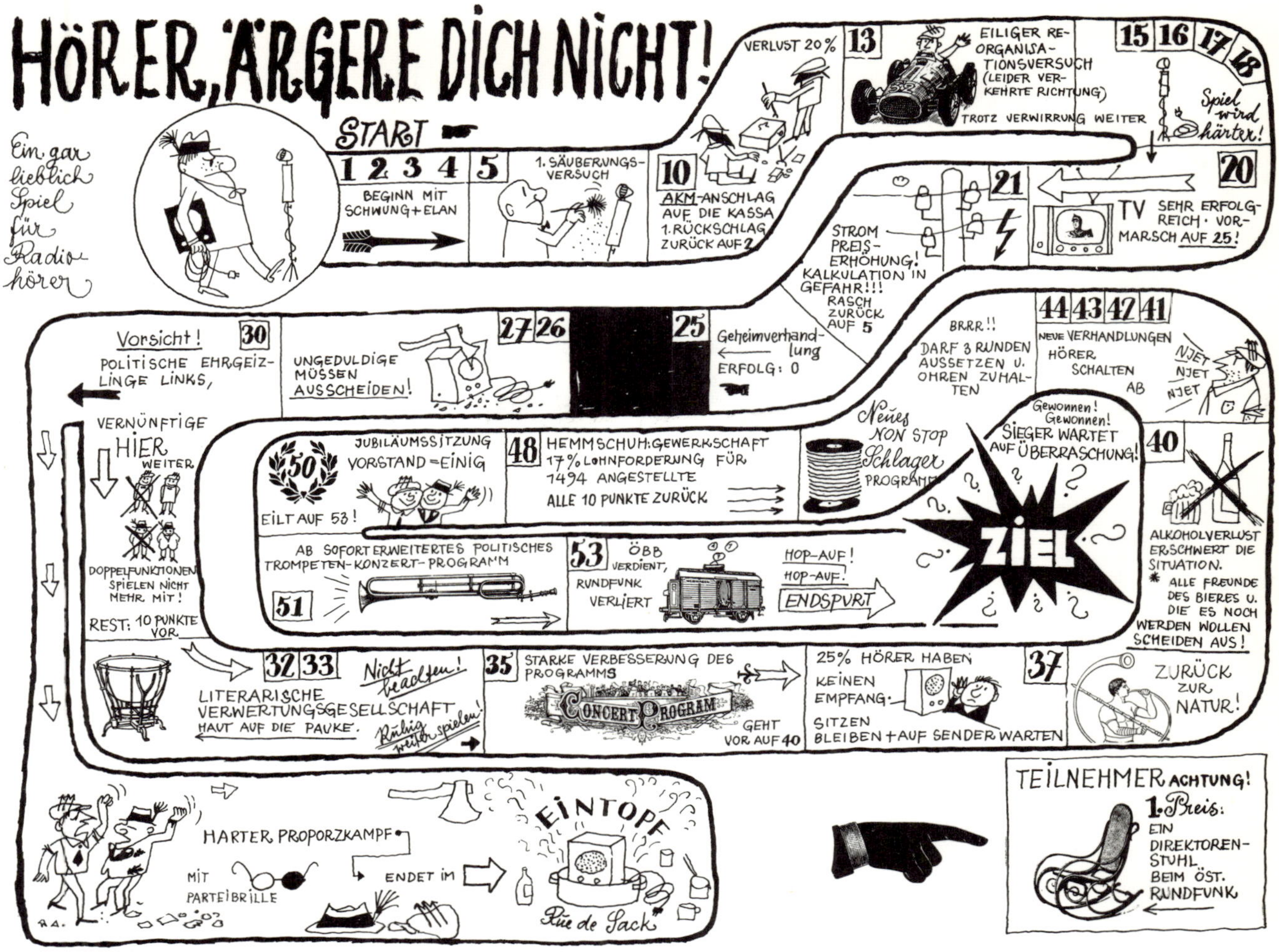

GEDULDSSPIEL · 1958

DER NEUE RUNDFUNK STELLT SICH VOR · 1956

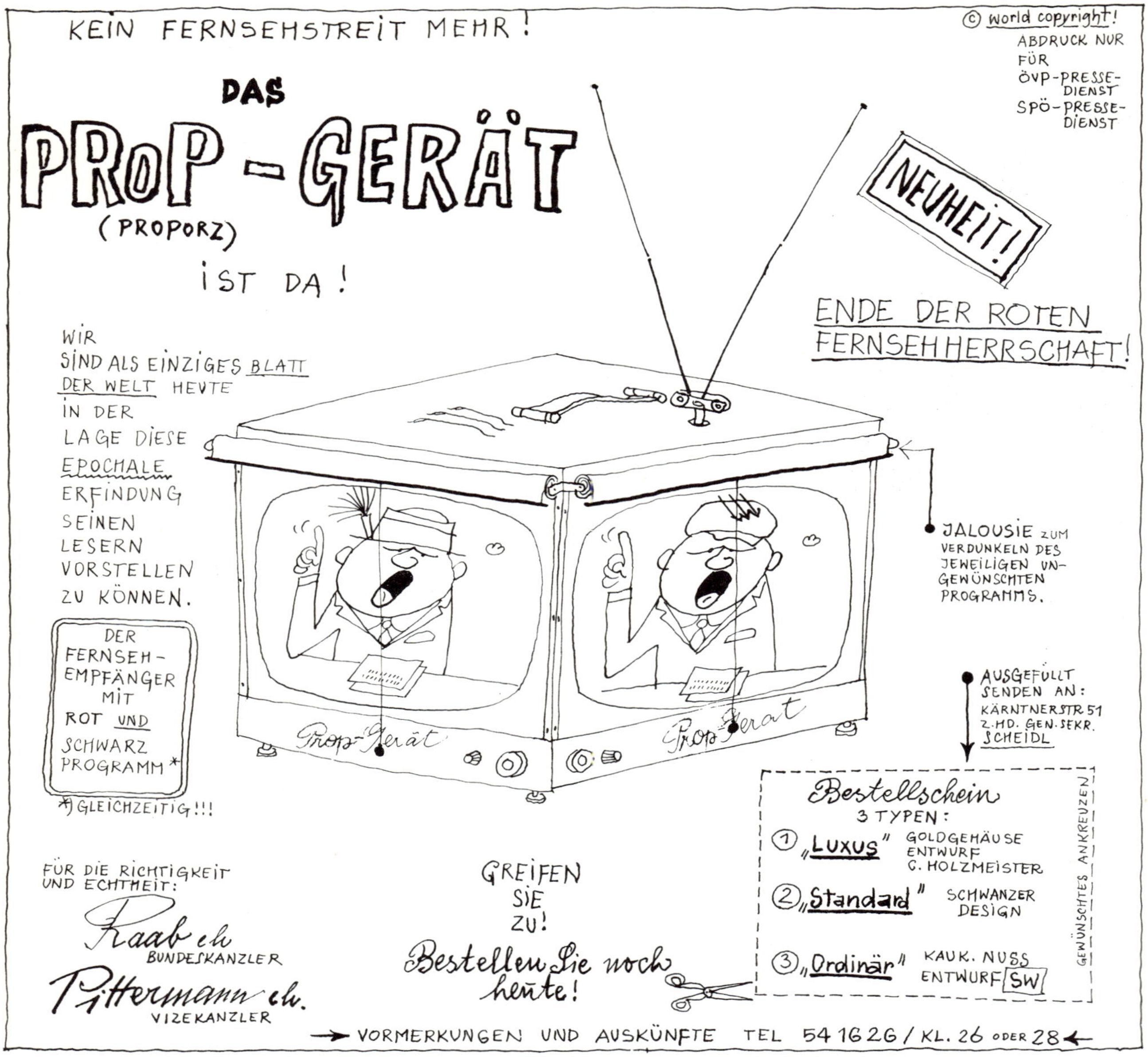

DAS NEUESTE AUSTRIA-FERNSEHGERÄT · 1960

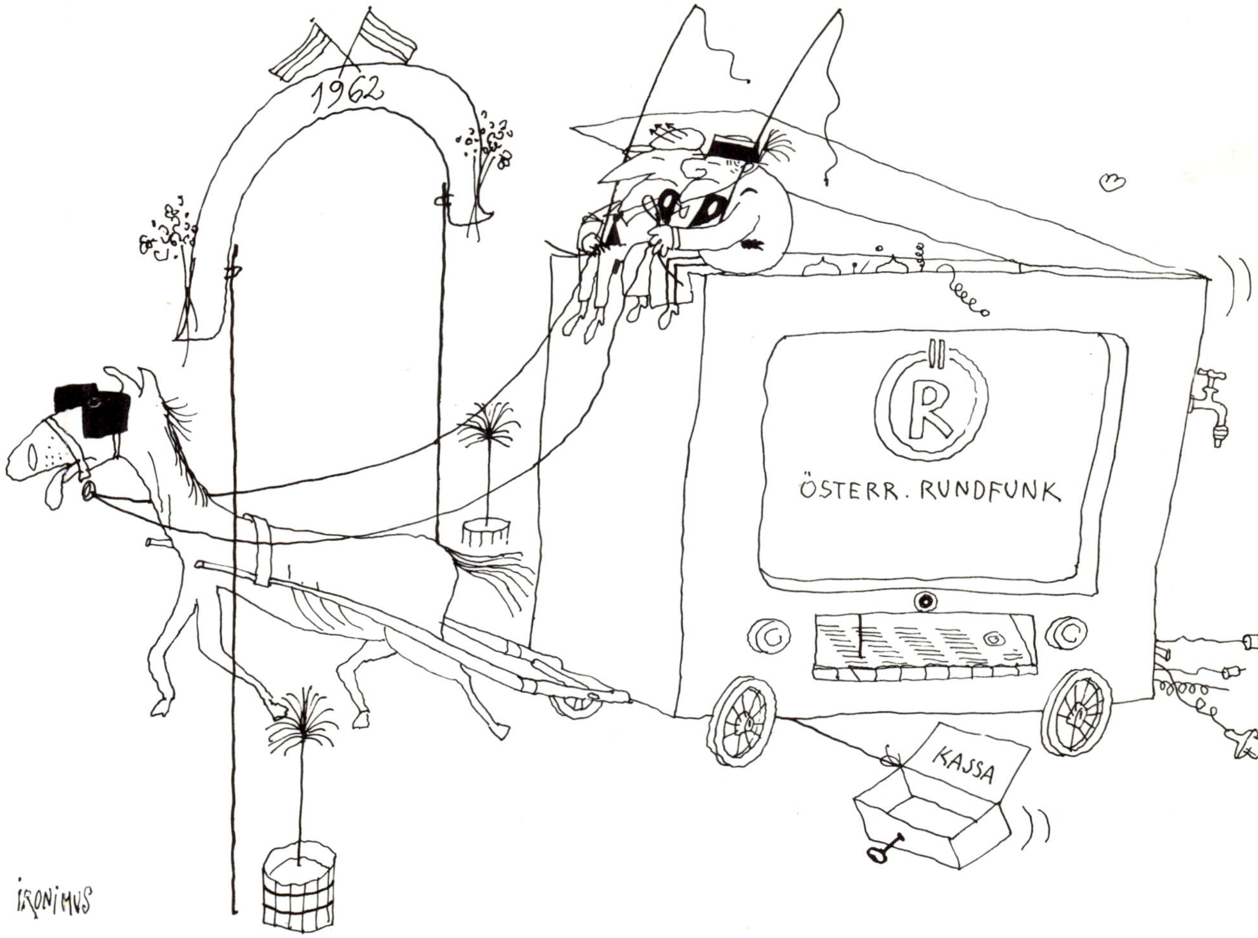

DER ALTE KARREN · 1961

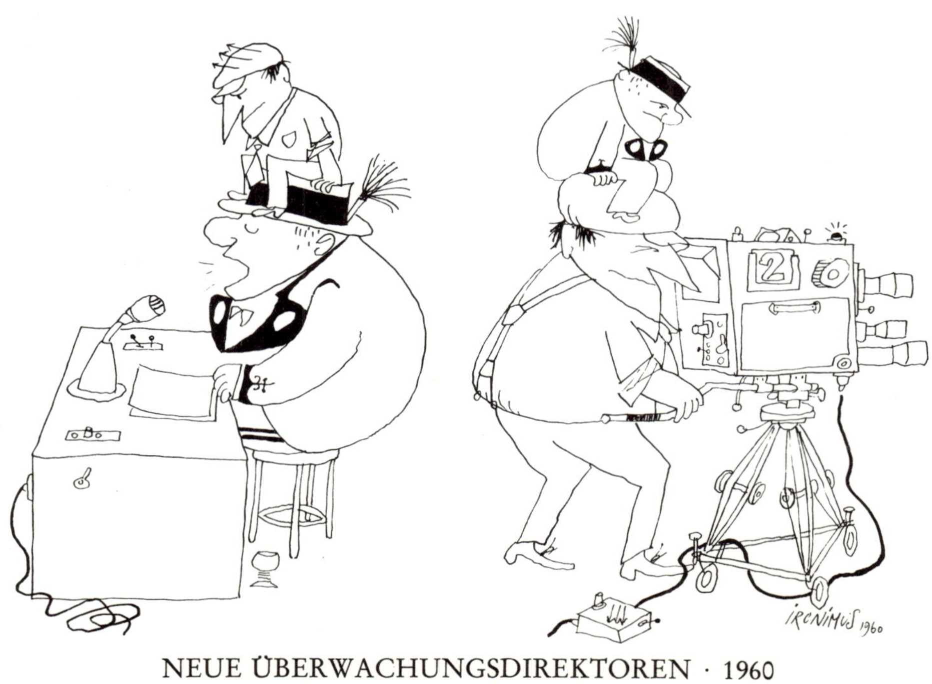

NEUE ÜBERWACHUNGSDIREKTOREN · 1960

BLITZ AUS HEITEREM HIMMEL · 1964

DIE GROSSE FLUT · 1964

ZUM VOLKSBEGEHREN · 1964

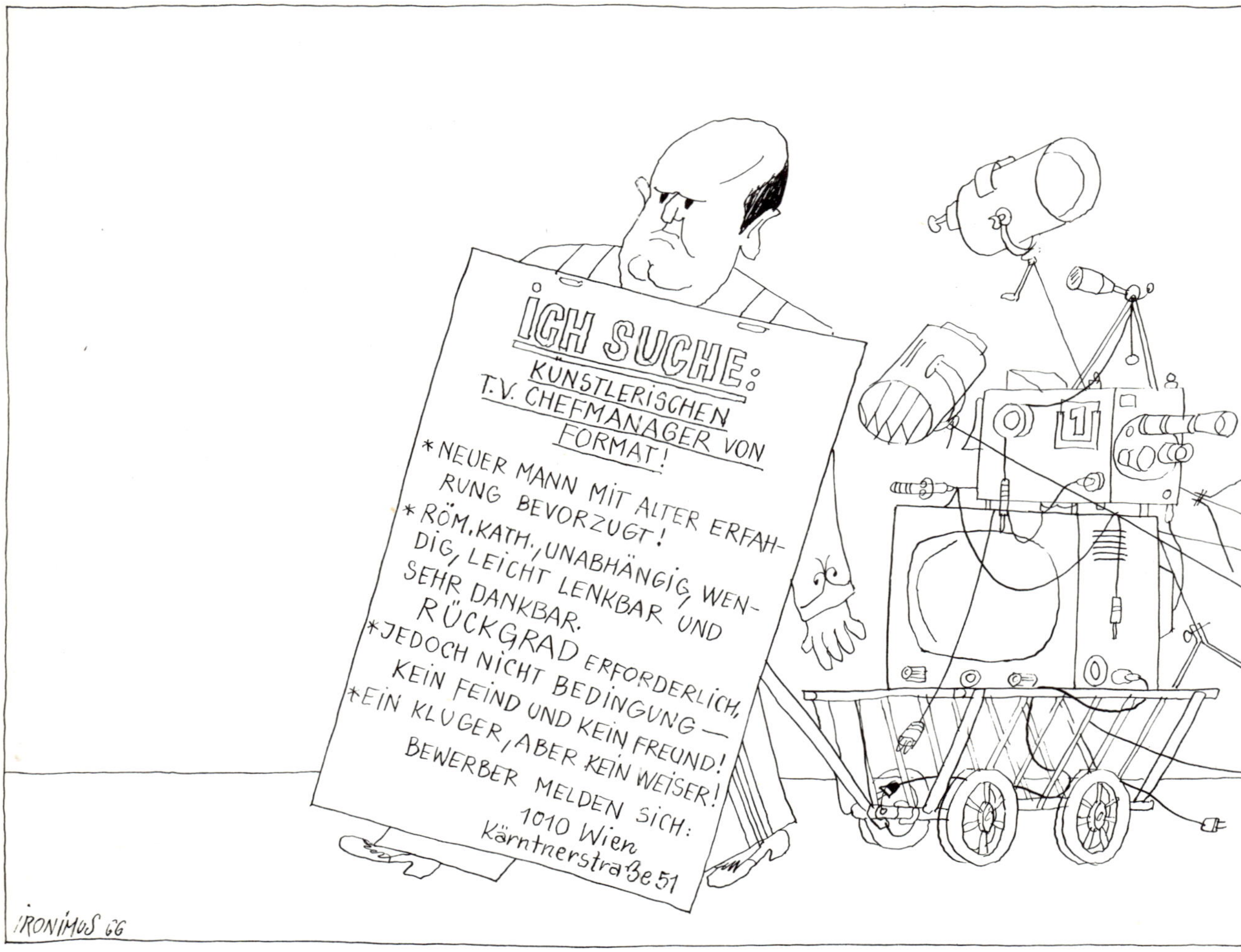

DER SANDWICHMANN · 1966
Josef Klaus

ANSCHLUSS VERPASST · 1970

Bundeskanzler Bruno Kreisky und die SPÖ ignorieren das Rundfunkvolksbegehren

TU DEN TIGER IN DEN KASTEN · 1967
Gerd Bacher wird zum Generalintendanten bestellt

DIE ERSTE STUFE · 1967
Gerd Bacher startet die Durchführung der Rundfunkreform

DER BESTSELLER AUS DEM MOLDEN-VERLAG · 1967
Gerd Bacher

GENERALSSCHICKSAL · 1967
Generalintendant Gerd Bacher im Kreuzfeuer der Kritik

MIT SCHERE, CHARME UND MELONE · 1968
Bruno Pittermann verbietet dem ORF Parlamentssendungen

WENN MEIN ROTER ARM ES WILL . . . · 1968

EIFERSUCHT IM TIERREICH · 1969

Gerd Bacher wird gejagt

FASS! · 1970

Bundeskanzler Bruno Kreisky

Der Österreichische Rundfunk

SALAMITAKTIK · 1970

EINER WILL NICHT · 1970

Gerd Bacher und Bundeskanzler Bruno Kreisky

VERLÄNGERT! · 1971

Gerd Bacher wird für weitere vier Jahre zum Generalintendanten bestellt

RUNDFUNKPLÄNE · 1972
Bundeskanzler Bruno Kreisky

DIE LAST · 1972

Gerd Bacher und Bundeskanzler Bruno Kreisky

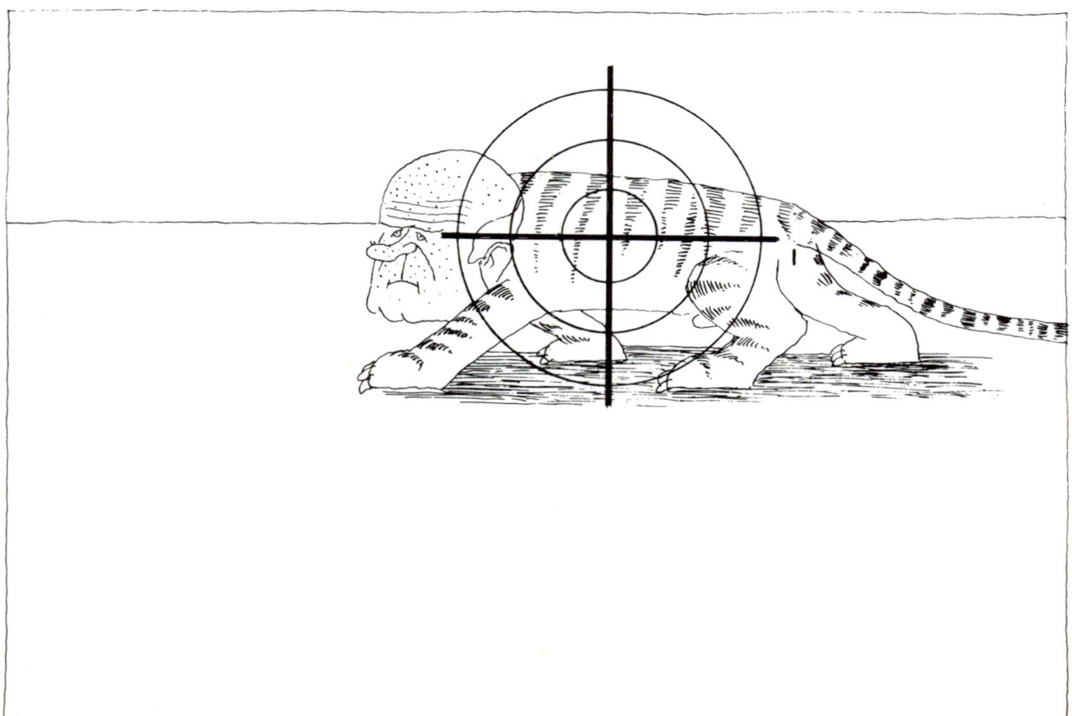

„FEUER FREI!“ · 1972

BESCHNITTENER TIGER · 1972

Bundeskanzler Bruno Kreisky wünscht, die Befugnisse des Generalintendanten zu beschneiden

DIE AKTION · 1972
Bundeskanzler Bruno Kreisky und der Generalintendant

AUSTRIAN RACING TEAM · 1972

Der ORF läßt Karl Schranz triumphal von der Olympiade heimholen

OPERATION TIGERKILL BEGINNT · 1973

ÖGB-Präsident Anton Benya und Bundeskanzler Bruno Kreisky

KREISELKY · 1973
Bundeskanzler Bruno Kreisky ändert oft seine ORF-Meinung

„ICH VERBÜRGE MICH DAFÜR" · 1973
Bundeskanzler Bruno Kreisky

IN DER FOLTERKAMMER · 1973

DIE LUNTE BRENNT · 1974

DER GEGENVORSCHLAG · 1973

FPÖ-Bundesparteiobmann Friedrich Peter, Bundeskanzler Bruno Kreisky, ÖVP-Bundesparteiobmann Karl Schleinzer, Gerd Bacher

RUHE VOR DEM STURM · 1974
Bundeskanzler Bruno Kreisky, Gerd Bacher

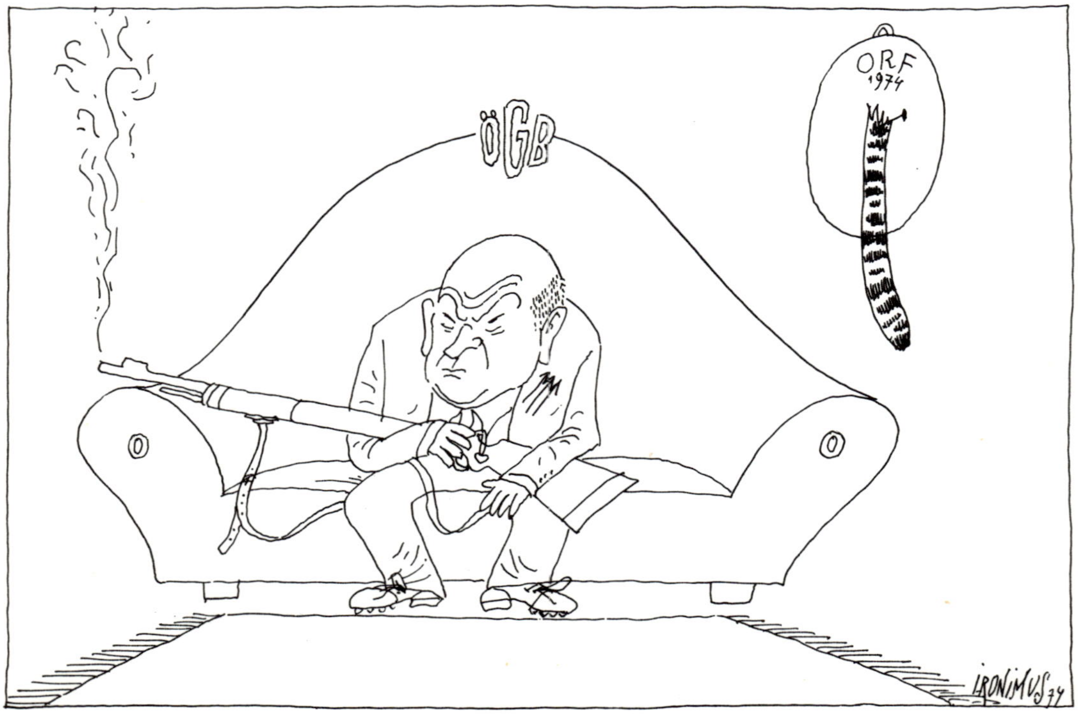

DER GROSSWILDJÄGER · 1974
ÖGB-Präsident Anton Benya

DIE STAATSAKTION · 1974

Bundeskanzler Bruno Kreisky läßt Telegramme an prominente Bacher-Fürsprecher versenden

KOPF GESUCHT · 1974

Bundeskanzler Bruno Kreisky

DER UNTERHALTUNGSKANZLER · 1974

Der Kabarettist Gerhard Bronner will mit Hilfe Bundeskanzler Bruno Kreiskys Intendant werden

DER OBERHAMMER · 1974

Der Österreichische Rundfunk

NACHT DER ROTEN MESSER · 1974

EINGESETZT · 1975
Generalintendant Otto Oberhammer, Othmar Slunsky, Bundeskanzler Bruno Kreisky

IX.

DAS ÖSTERREICHISCHE BUNDESHEER

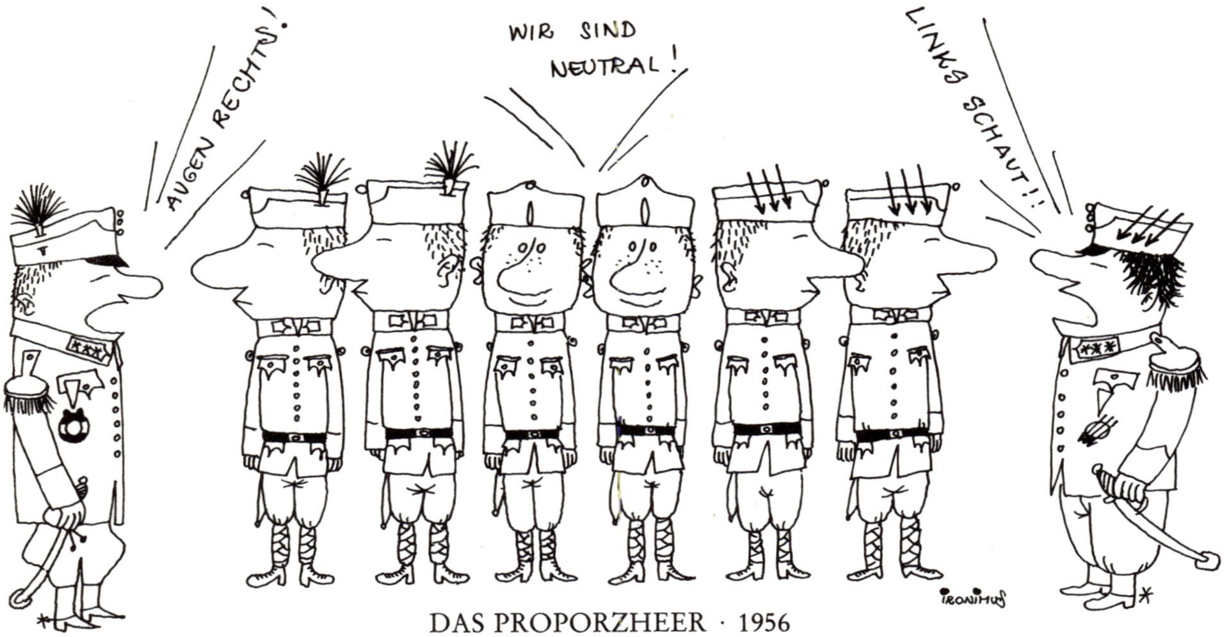

DAS PROPORZHEER · 1956

ERSTE MUSTERUNG · 1956

ERSTE PARADE · 1957

DER KONGO RUFT · 1960
Verteidigungsminister Ferdinand Graf

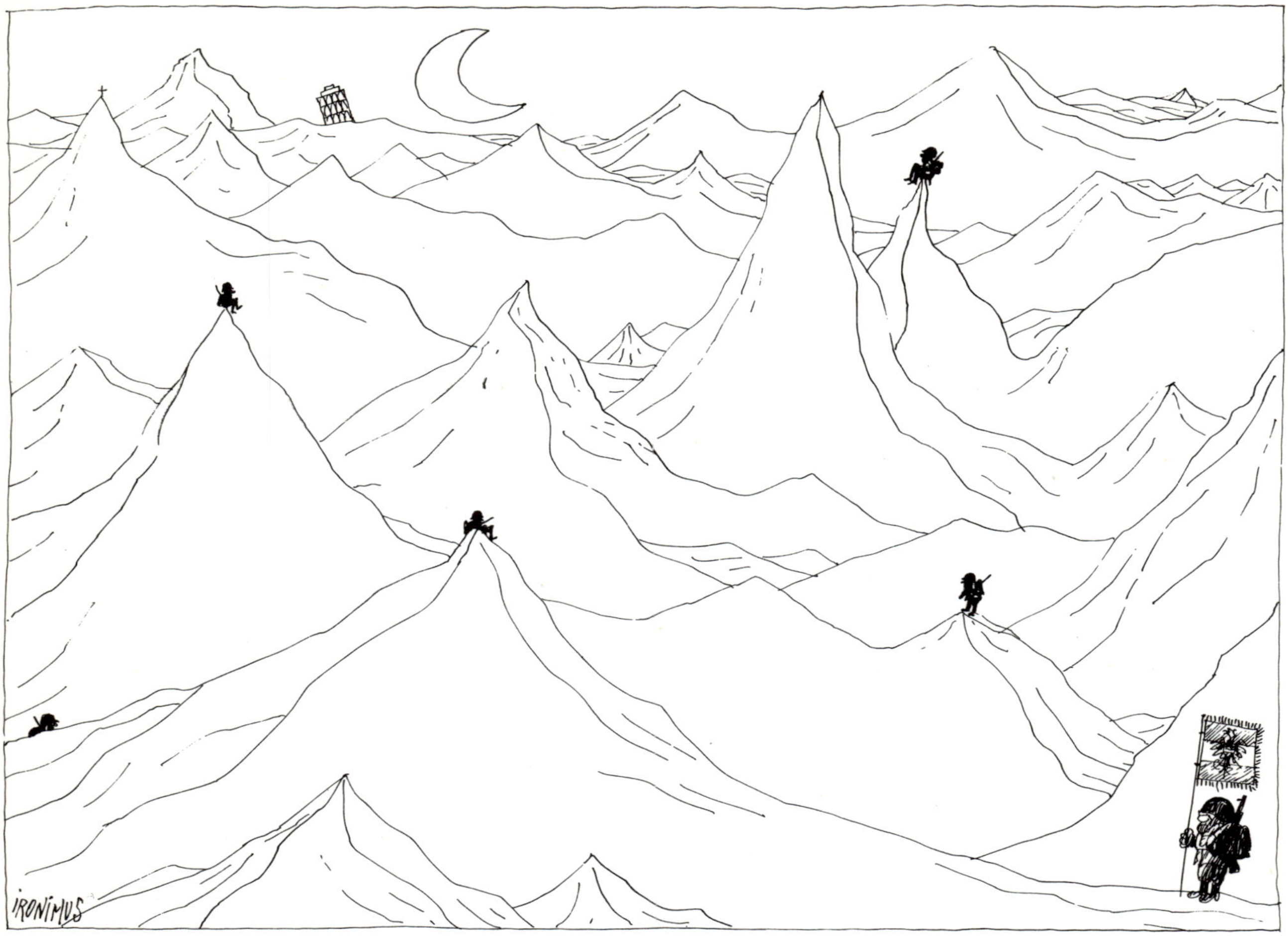

DIE BESATZUNGSMACHT · 1967

Bundesheereinsatz in Tirol

DRACHEN-STEIGEN · 1967

Verteidigungsminister Georg Prader

IM KREUZFEUER · 1965

Verteidigungsminister Georg Prader

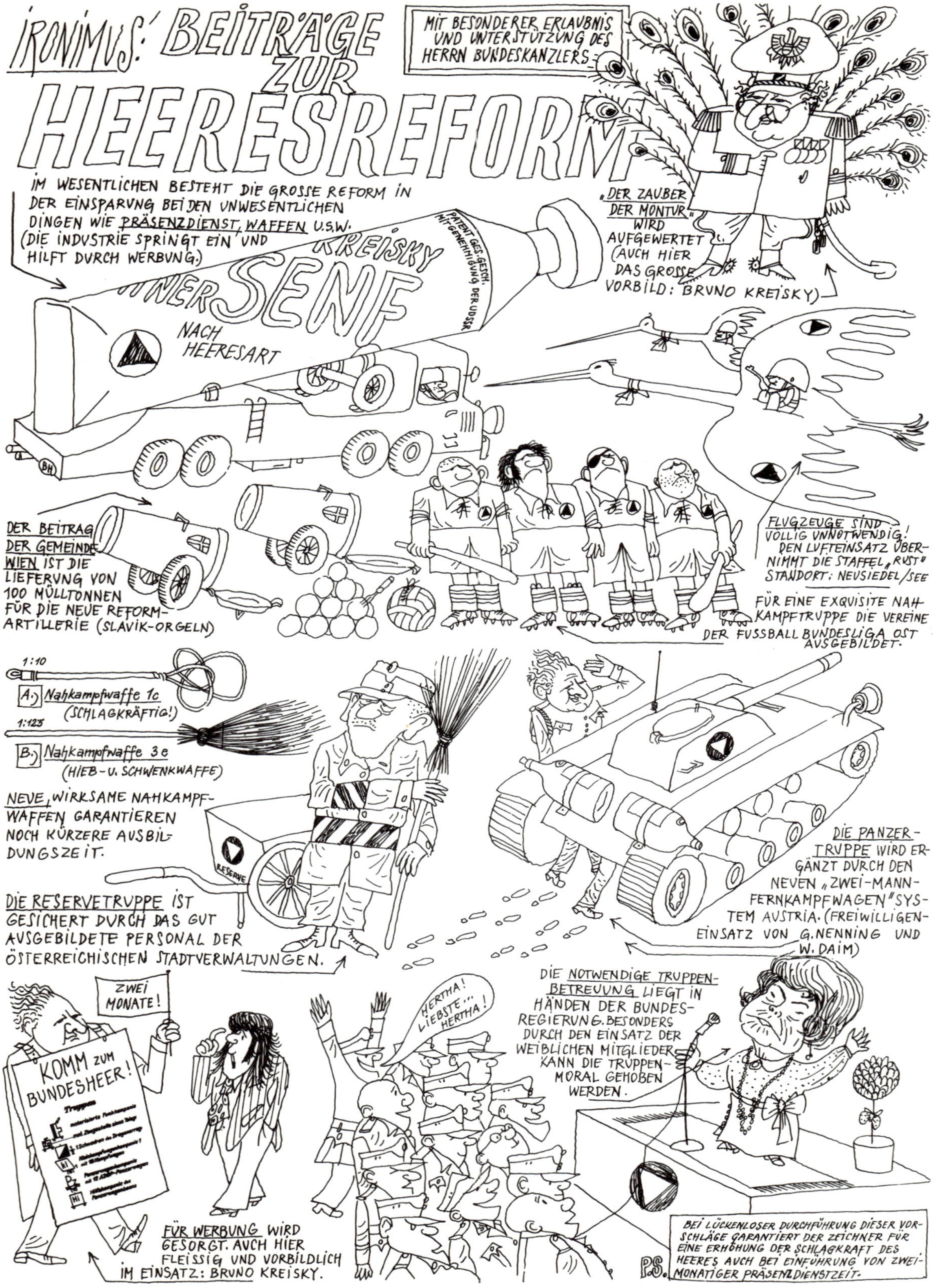

REFORMVORSCHLÄGE · 1968

WAHLMANÖVER · 1970
Bundeskanzler Bruno Kreisky

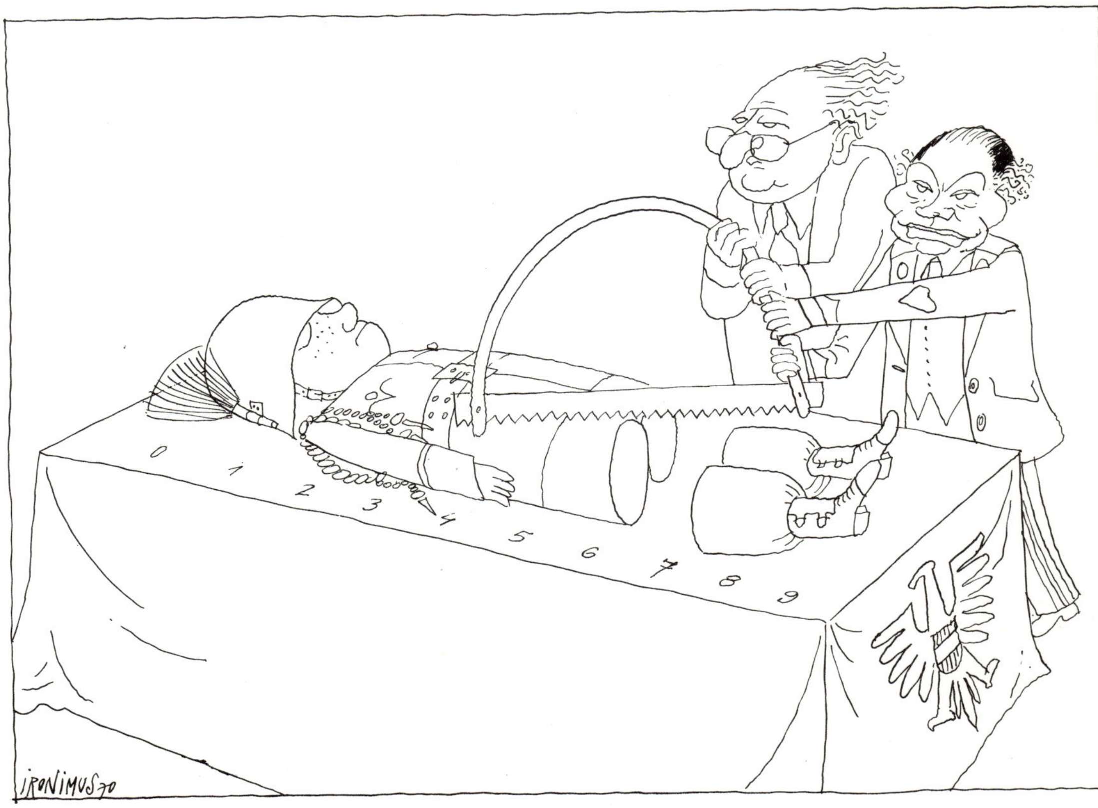

VERKÜRZTE WEHRZEIT · 1970
Bundeskanzler Bruno Kreisky, Hermann Withalm

MINISTERMUSTERUNG I · 1971
Bundeskanzler Bruno Kreisky

OBERSCHÜTZE BRUNO IM KAMPF · 1970

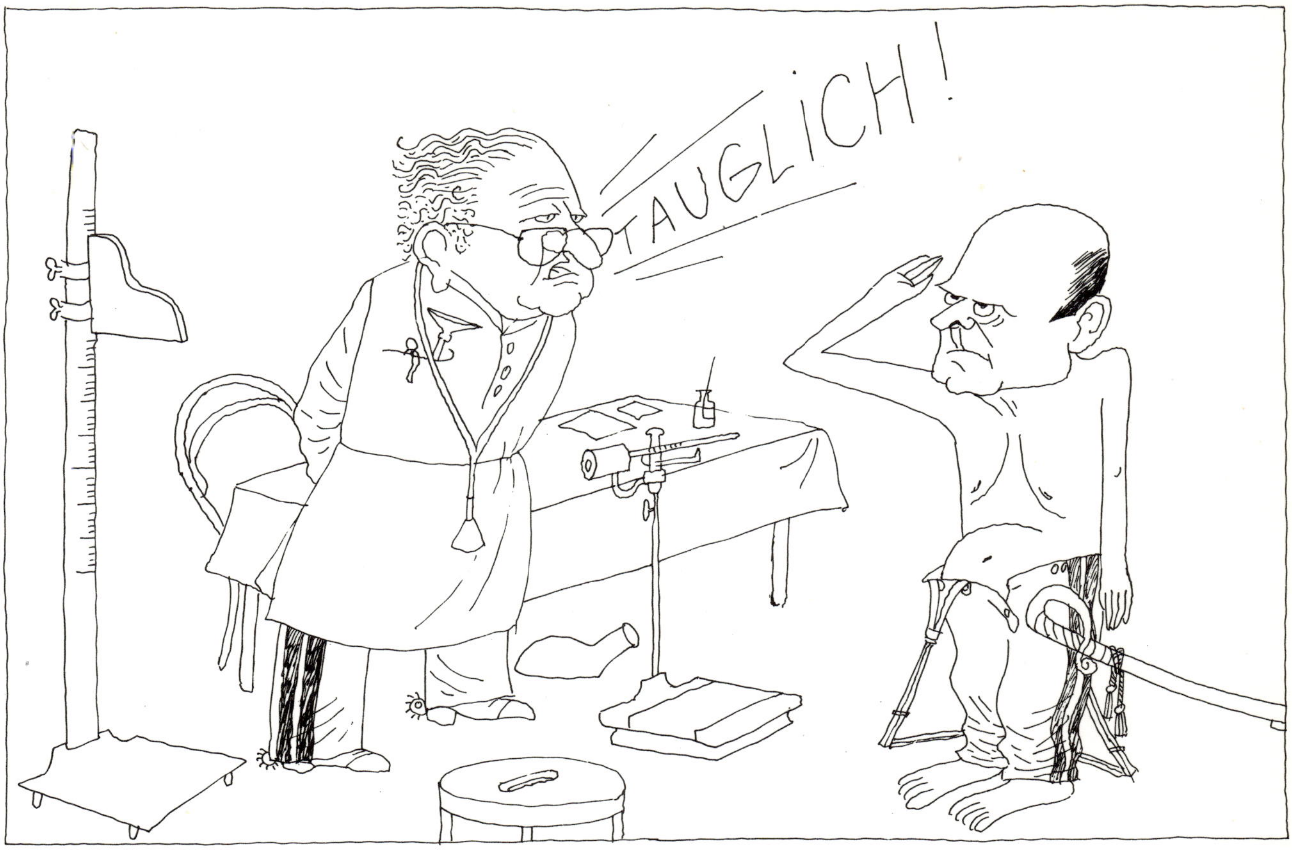

MINISTERMUSTERUNG II · 1971
Bundeskanzler Bruno Kreisky, Verteidigungsminister Karl Lütgendorf

DER PAPA WIRD'S SCHON RICHTEN · 1971
Peter Kreisky, Bundeskanzler Bruno Kreisky

DER BAUCHREDNER · 1971
Bundeskanzler Bruno Kreisky

„WER IS HÄRTER? I ODER I?" · 1971
Verteidigungsminister Karl Lütgendorf, Bundeskanzler Bruno Kreisky

HAARESREFORMMINISTER · 1971
Verteidigungsminister Karl Lütgendorf

DAS DENKMAL · 1971
Verteidigungsminister Karl Lütgendorf

AKUTE HAARESREFORM · 1971
Verteidigungsminister Karl Lütgendorf

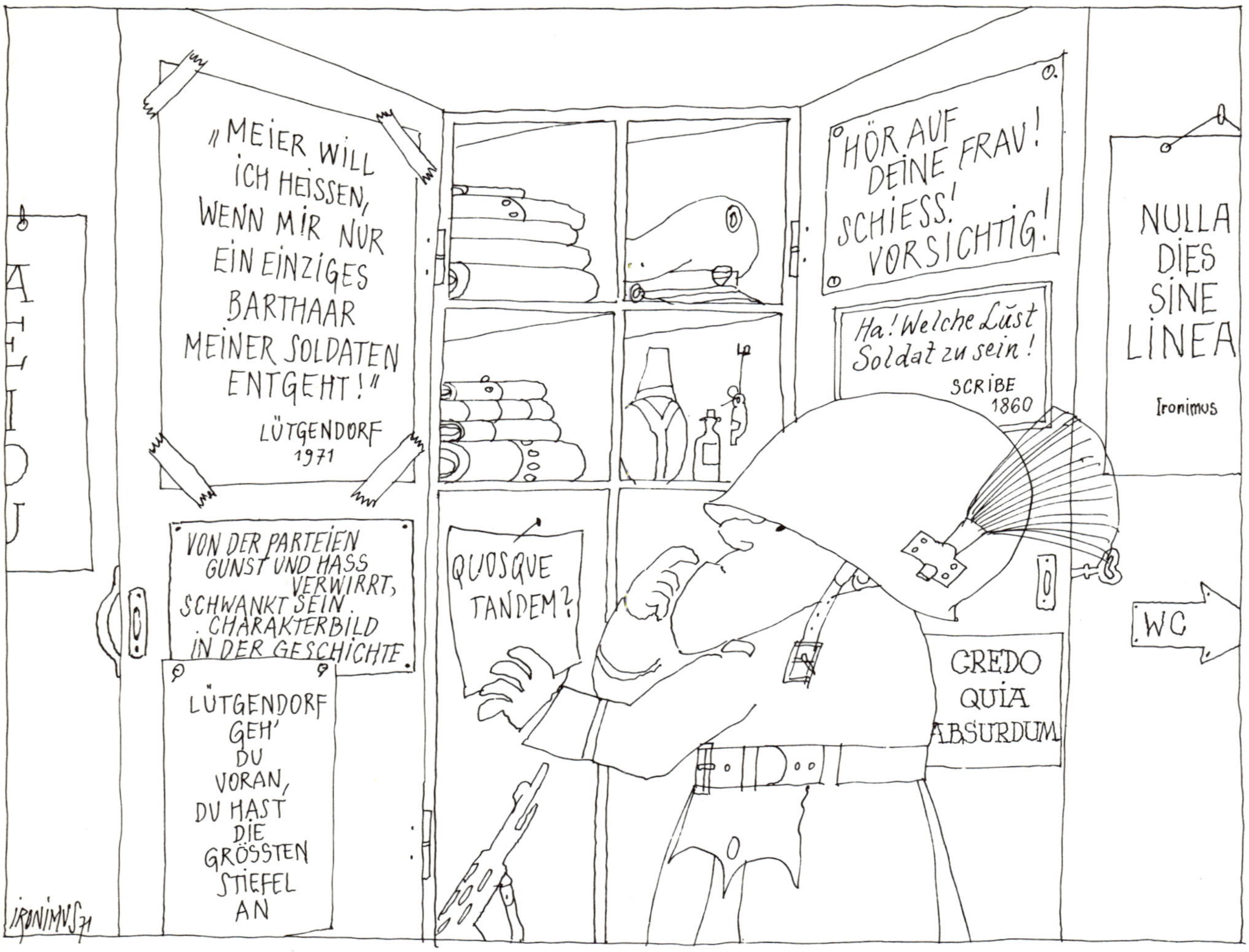

SPINDKONTROLLE · 1971

DER MAULKORBERLASS · 1971

Verteidigungsminister Karl Lütgendorf, Bundeskanzler Bruno Kreisky

DAS WAHLZUCKERL · 1971

Bundeskanzler Bruno Kreisky, FPÖ-Bundesparteiobmann Friedrich Peter

DER MORDSSTEHER · 1972
Verteidigungsminister Karl Lütgendorf, Finanzminister Hannes Androsch

„AUSGEWOGENER TRUPPENABBAU" · 1973
Verteidigungsminister Karl Lütgendorf

X.

DIE BUNDESHAUPTSTADT WIEN

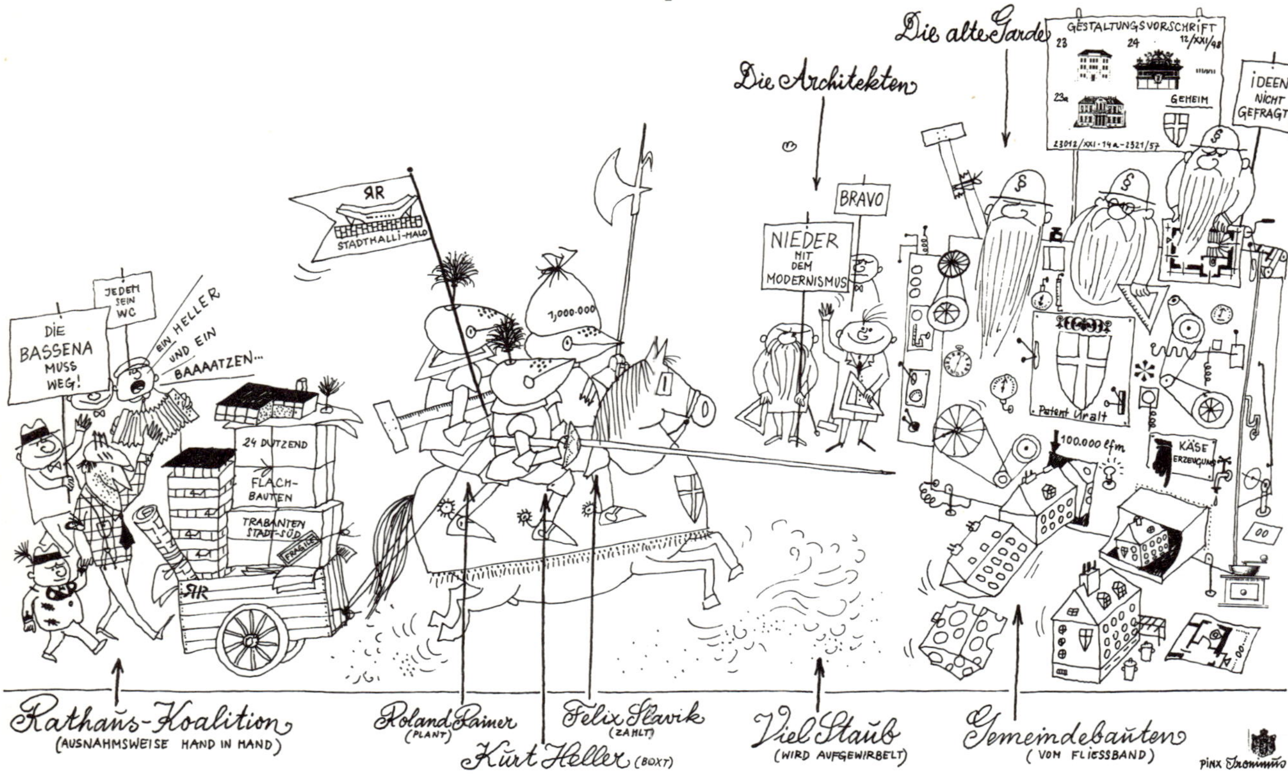

WIENER BAUGESINNUNG · 1957

„ER IST SCHULD – ER IST SCHULD“ · 1961

Planungsschwierigkeit um das Allgemeine Krankenhaus

KAMPF UM DIE STADTPLANUNG · 1960
Architekt Roland Rainer

„MIR SAN DIE MAGISTRATISCHEN HOLZHACKERBUAM ...“ · 1958

FIRMUNGSSAISON IN WIEN · 1961
John F. Kennedy, Nikita S. Chruschtschew

IM VORZIMMER · 1966

Bürgermeister Bruno Marek, Stadtrat Kurt Heller, Beginn der U-Bahnplanung

AUF DEM WEG ZUR WELTSTADT · 1968

Baubeginn der Wiener U-Bahn

JAGDTROPHÄEN · 1968

Jäger Bruno Marek

WIEN ERWARTET DIE ENGLISCHE KÖNIGIN · 1969

Vizekanzler Hermann Withalm, Bundeskanzler Josef Klaus, Bundespräsident Franz Jonas, Bürgermeister Bruno Marek, Bruno Pittermann, Unterrichtsminister Theodor Piffl-Perčević

WAIDMANNSHEIL · 1967

Bürgermeister Bruno Marek, Vizebürgermeister Heinrich Drimmel

BITTE, BITTE, EINE KLEINE STIMME . . . · 1961
Wahlkämpfer Bruno Marek, Vizebürgermeister Heinrich Drimmel

WIENER WÜRSTEL · 1969
Bürgermeister Bruno Marek

DER TAPFERE RATHAUSMANN · 1969
Bürgermeister Bruno Marek

ZEHN ZU VIER · 1969
SPÖ-Wahlsieg Felix Slaviks

PARLAMENT WIRD ABGEBROCHEN — NEUE WOHNVORHABEN 6–42 GESCHOSSE MIT FLEXIBLEN MODERNWOHNUNGEN
AUFMARS
FESTZÜGE
ANDERE K
EHEMALIGER RATHAUSPARK AUS VERKEHRSTECHNISCHEN GRÜNDEN ABHOLZUNG
IRONIMUS 70

IDEENWETTBEWERB RATHAUSPLATZ
Kennwort: »NEUES WIEN« NOV. 1970
ENTALSTANDBILD, (GRAU), MIT NEON (ORIGINAL
: JAGDTROPHÄEN
ÜR
AKTEN-, PLAN-U. MÜLLVERBRENNUNGSANLAGE
IN MEMORIAM OTTO WAGNER
GASTRONOMISCHER BEREICH INNEN: WIENERWALDRESTAURATION
INDIVIDUALVERKEHR, ABFAHRT ZUR STADTHALLE
GEDENKSTEIN MIT STADTBAHNRELIKTEN 1:1 (ORIGINAL)

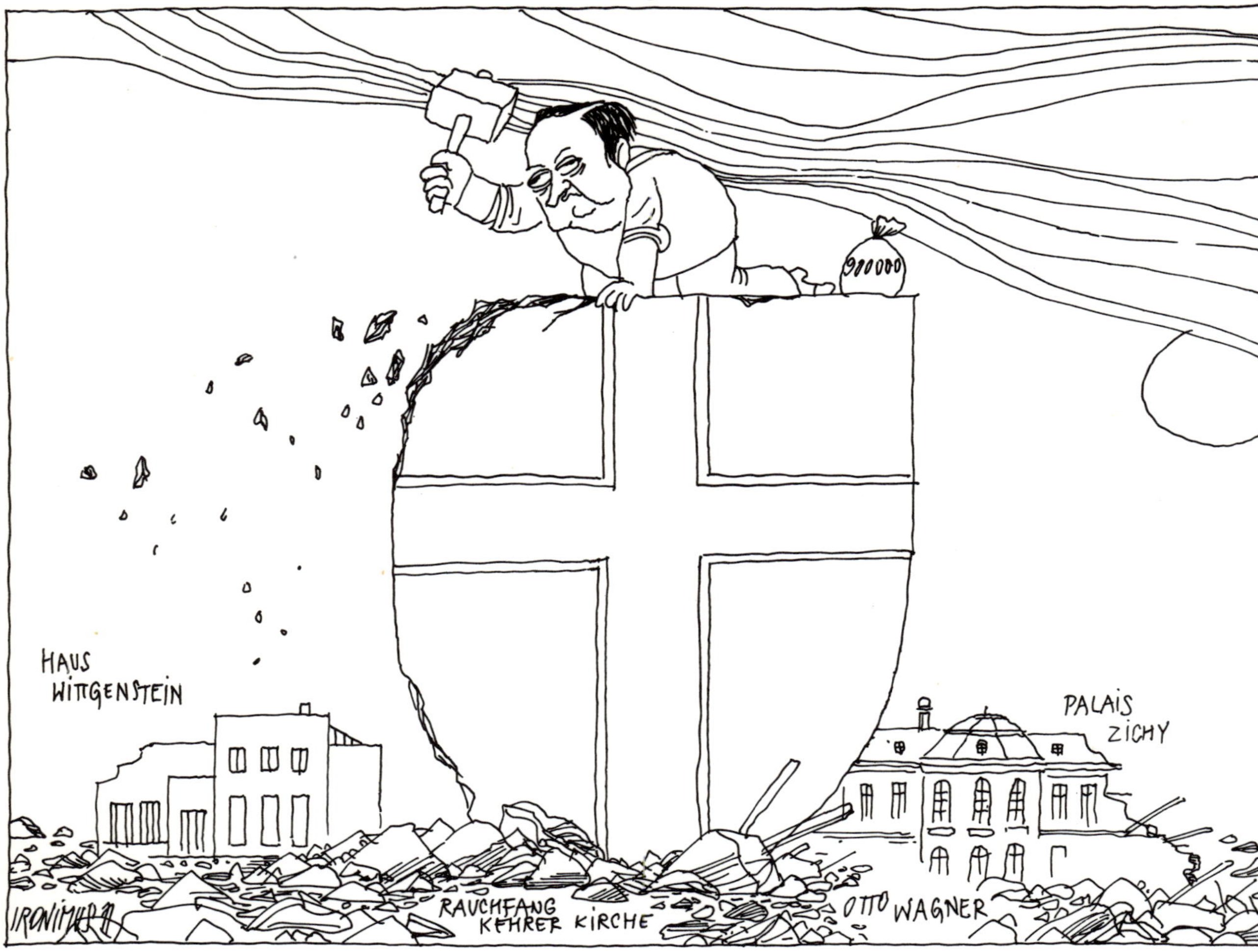

„MEIN WIEN – MEIN WIEN! . . .“ · 1971
Bürgermeister Felix Slavik

REINE WESTE · 1972
Bürgermeister Felix Slavik, Bundeskanzler Bruno Kreisky

WIENER BÜRGERMEISTER · 1972
Theodor Körner, Franz Jonas, Bruno Marek, Felix Slavik

WIENER ATTRAKTIONEN · 1971

Bürgermeister Felix Slavik und die Stephansplatzgestaltung

UNGLÜCKLICHE NACHTIGALL · 1973
Bürgermeister Felix Slavik und die Volksbefragung Sternwartepark

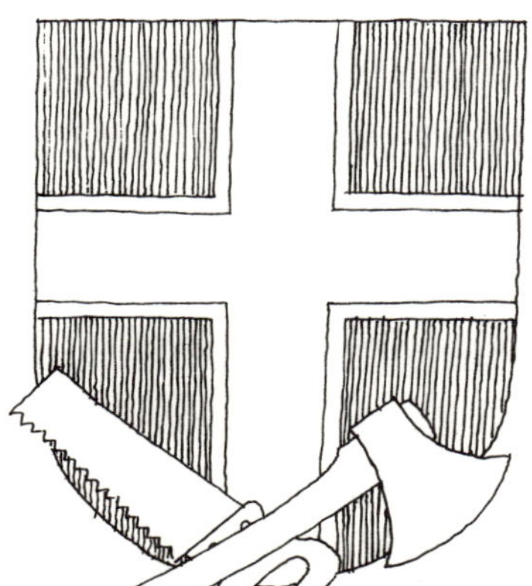

NEUES WAPPEN FÜR WIEN · 1973

MISTER VIENNA · 1973
Otto Probst und Bürgermeister Leopold Gratz

NEUE GRATZ-LEIBERLN · 1973

Wahlpropaganda für Leopold Gratz

KALTE DUSCHE · 1974
Bürgermeister Leopold Gratz und die neue Kärntnerstraße

XI.

KUNST UND KULTUR

DAS STAATSVERTRAGSGEMÄLDE · 1957

DER GROSSE MEISTER IN WIEN · 1958
Oskar Kokoschka

EIN VOLK – EINE STADT – EIN THEATER · 1955

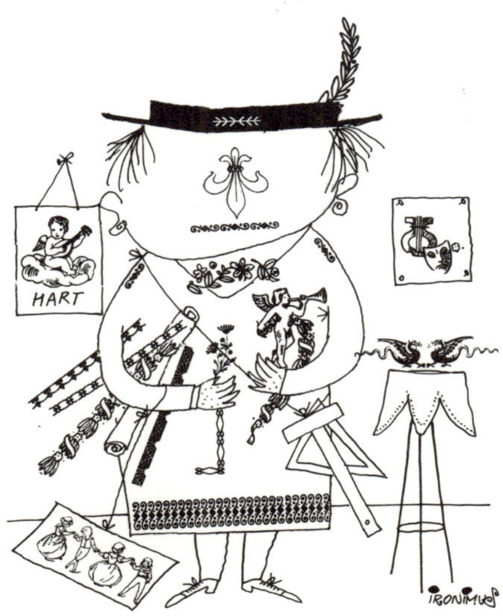

DER ARCHITEKT GROSSEN STILS · 1955

DIE NEUE ARCHITEKTUR · 1956

ZU GRABE GETRAGEN? · 1958

TACHISMUS UND NIHILISMUS · 1959

Der französische Maler Georges Mathieu als Gast der Galerie St. Stefan

Ratio
DER TACHIST ALS NIHILIST

OPERNBALL · 1958

BALLSAISON · 1960

KUNST DES 20. JAHRHUNDERTS · 1962

Eröffnung des neuen Museums des zwanzigsten Jahrhunderts

DAS KUNSTGESPRÄCH · 1961

Veranstaltung der Galerie nächst St. Stefan in Wien

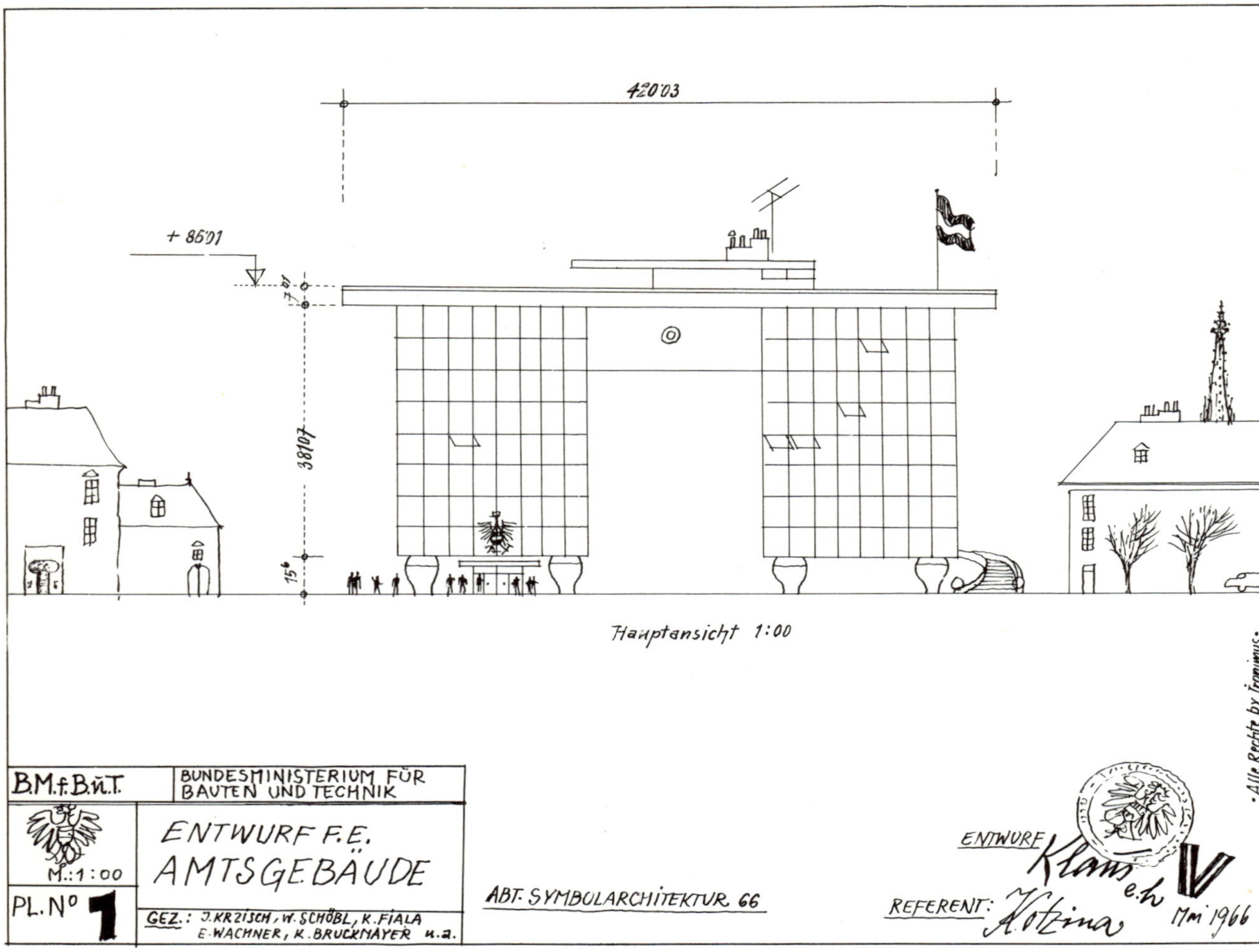

DIE NEUE TINTENBURG · 1966

DAS KÜNSTLERHAUS BAUT UM · 1965

DAS NEUE DENKMAL AN DER RINGSTRASSE · 1967

Karl Renner

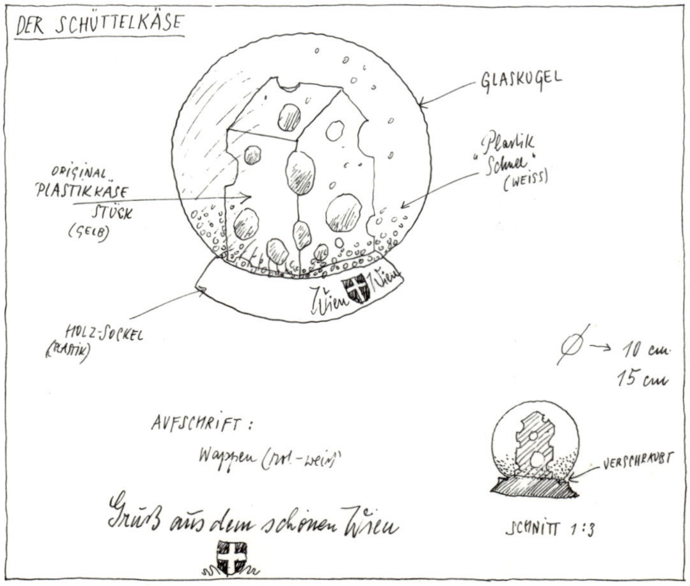

SOUVENIR AUS WIEN · 1967

DIE PROFESSORENSUCHE · 1966
Theodor Piffl-Perčević

DER SCHLAUE FUCHS · 1970
Ernst Fuchs

DER WOHNBAUBOMBER · 1969

„DER RASTERARCHITEKT“ · 1965

ALLES IST ARCHITEKTUR · 1969

PROTESTVORSCHLAG · 1968

SPÖ-Bundesparteivorsitzender Bruno Kreisky, Friedensreich Hundertwasser, Bundeskanzler Josef Klaus

VERBAUUNGSVORSCHLAG FÜR DIE NEUE DONAUINSEL · 1973

DAS GROSSE PREISSCHIESSEN · 1973
Bundeskanzler Bruno Kreisky

DIE SPARSAME MINILÖSUNG · 1973
Bundeskanzler Bruno Kreisky

ZOOLOGEN GEGEN NATURSCHÜTZER · 1973
Diskussion um die Verbauung des Sternwarteparks in Wien

DIE PEN-BRÜDER · 1974

DER WELT GRÖSSTER GARTENZWERG · 1974
Die umstrittene Wiener Internationale Gartenschau

AUSSTELLUNG ZUM JAHR DER FRAU · 1974

Wissenschaftsminister Hertha Firnberg

HUNDERT REGENTAGE · 1974
Ausstellung Hundertwasser – Albertina Wien

LANDSCAPE AUSTRIA · 1975
Österreichs Beitrag zum Denkmaljahr

URBANE NOSTALGIE · 1975

ZEITTAFEL

1955

Im März lädt die Sowjetregierung Bundeskanzler Julius Raab zu einem Gespräch über den Österreichischen Staatsvertrag nach Moskau ein.

Am 14. Februar kann Raab nach Wien melden: „Österreich wird frei!"

15. Mai 1955: Unterzeichnung des Österreichischen Staatsvertrages durch die vier Außenminister der Besatzerstaaten einerseits und durch Leopold Figl für Österreich.

Durch Umwandlung der sogenannten B-Gendarmerie-Kader können bereits im September die ersten Truppen des Österreichischen Bundesheeres aufgestellt werden.

Im Herbst werden das Wiener Burgtheater und die Wiener Staatsoper in den wiederaufgebauten Gebäuden festlich eröffnet.

Österreich wird Mitglied der UNO.

1956

Im Februar verlangt das Parlament neuerlich von Italien: „Recht für Südtirol!"

Der Ministerrat beschließt, daß Österreich dem Europarat beitritt. (Aufnahme: 16. April.)

13. Mai: Nationalratswahlen. ÖVP 82 Mandate, SPÖ 74, FPÖ 6 und KPÖ 3. Bildung des Kabinetts Raab II.

Staatssekretär Franz Gschnitzer weist die italienische Ansicht zurück, daß die Frage Südtirol eine inneritalienische sei.

Am 11. Oktober billigt der italienische Außenminister Martino der österreichischen Bundesregierung das Recht zu, bei der italienischen Regierung wegen der in Südtirol auftretenden Unstimmigkeiten zu intervenieren.

Nach dem ungarischen Volksaufstand fliehen über 150.000 Ungarn nach Österreich. Gigantische Hilfsaktionen. Fast die Hälfte der Flüchtlinge macht sich in Österreich ansässig.

1957

Am 4. Januar stirbt Bundespräsident Theodor Körner.

Nachdem Italien die österreichische Note zurückgewiesen hat, kommt es zu erneuten Spannungen in Südtirol.

Der bisherige Vizekanzler Adolf Schärf wird (5. Mai) zum Bundespräsidenten gewählt.

Im Juni besucht Bundeskanzler Konrad Adenauer Österreich. Abschluß der Verträge über die Regelung des deutschen Eigentums in Österreich.

Erste Wiener Konferenz über die friedliche Nutzung der Atomkraft.

1958

Otto Habsburg-Lothringen unterzeichnet Verzichtserklärung.

Im Mai beschließt der SPÖ-Parteitag das neue Parteiprogramm.

Bundeskanzler Julius Raab erreicht in Moskau eine Kürzung der österreichischen Öllieferungen um die Hälfte (Reparationszahlungen).

Skandal um den Industriellen Haselgruber. In der Folge Rücktritt des ÖVP-Landesparteiobmanns Polcar.

Erzbischof Franz König wird von Johannes XXIII. zum Kardinal ernannt.

Ende November ersucht Otto Habsburg um Erlaubnis, nach Österreich heimkehren zu dürfen.

1959

Gewerkschaftspräsident Böhm und Kammerpräsident Dworak einigen sich über die Einführung der 45-Stunden-Woche.

Südtiroldebatte im Nationalrat.

Nationalratswahlen. Ergebnis: ÖVP 79, SPÖ 78, FPÖ 8. Die Kommunisten scheiden aus dem Parlament aus. Bildung des Kabinetts Raab III.

Außenminister Kreisky spricht vor der UNO-Generalversammlung über die Probleme in Südtirol.

Franz Olah wird Präsident des ÖGB.

Debatte über den „Fall Otto Habsburg" im Parlament.

1960

Österreich-Besuch des sowjetischen Ministerpräsidenten Nikita Chruschtschow.

Die Bundesregierung ersucht den UNO-Generalsekretär, das Südtirol-Problem auf die Tagesordnung der Vollversammlung zu setzen. Daraufhin UNO-Sonderkomitee für Südtirol gebildet.

Die ÖVP-Reformer rund um den steirischen Landeshauptmann Josef Krainer organisieren sich gegen die „Alte Garde" um Raab.

Kabinettsumbildung in Österreich: Regierung Raab IV im Amt.

Beginn der Habsburg-Kampagne in der österreichischen Presse nach einer Begegnung von Bundeskanzler Raab mit Otto Habsburg in München.

Ex-Außenminister Figl zum Nationalratspräsidenten gewählt.

1961

Neubildung der österreichischen Bundesregierung unter Bundeskanzler Alfons Gorbach.

Keine Einigung in der österreichischen Bundesregierung über eine Verzichtserklärung von Otto Habsburg.

Beginn der österreichisch-italienischen Südtirolverhandlungen; zugleich erste Terrorwelle in Südtirol.

Österreich stellt Antrag auf Assoziierung mit der EWG.

Begegnung von John F. Kennedy und Nikita Chruschtschow in Wien.

1962

Neuwahlen in Österreich brachten einen Erfolg der ÖVP, die ihre Parlamentsmehrheit von 79 auf 81 Abgeordnete erhöhen konnte. Die Sozialisten fielen von 78 auf 76 Mandate zurück. Im Wahlkampf spielte die Kaufkraft des Schillings die Hauptrolle.

EWG-Ministerrat in Brüssel lädt Österreich ein, sein Assoziierungsansuchen zu erläutern. Erster Protestschritt von sowjetischer Seite gegen Österreichs EWG-Absichten.

Österreichischer Südtirolbericht an die UNO.

1963

Wiederwahl von Bundespräsident Adolf Schärf; die geschlagenen Gegenkandidaten waren Alt-Bundeskanzler Julius Raab und der pensionierte Gendarmeriegeneral Josef Kimmel.

Bildung der Regierung Gorbach II, deren Zustandekommen sich von den Wahlen 1962 bis Ende März 1963 verzögert hat.

Der Verwaltungsgerichtshof bezeichnet die Verzichtserklärung von Otto Habsburg für ausreichend und gibt Auftrag, ihm einen österreichischen Paß auszustellen. Daraufhin stürmische Habsburg-Debatte im Nationalrat sowie gemeinsames Vorgehen der sozialistischen Koalitionspartner mit der FPÖ-Opposition gegen die ÖVP-Haltung in der Habsburg-Frage.

Eine österreichisch-italienische Expertenkommission beginnt Südtirol-Verhandlungen in Genf.

Parteiinterne Auseinandersetzungen der ÖVP führen zu einer Kampfabstimmung, in der Josef Klaus zum Bundesparteiobmann und Hermann Withalm zum Generalsekretär gewählt werden. Das Ergebnis des Klagenfurter Parteitages gilt als Sieg der Reformer.

1964

Die ÖVP zwingt ihren eigenen Bundeskanzler Gorbach zum Rücktritt; Nachfolger wird Josef Klaus.

Die Sozialisten benützen die Klemme der ÖVP, die ihren neuen Mann an die Macht bringen will, um dem Koalitionspartner diverse Zugeständnisse abzuringen. Unter anderem muß sich die ÖVP um eine Erklärung Otto Habsburgs bemühen, daß dieser während der laufenden Legislaturperiode trotz zustimmenden Spruches des Verwaltungsgerichtshofes nicht nach Österreich zurückkehrt.

Auseinandersetzungen um den Proporz im Österreichischen Rundfunk, die schließlich zu einem von der unabhängigen Presse organisierten Rundfunk-Volksbegehren führen.

Affäre um den sozialistischen Innenminister und Ex-Gewerkschaftspräsidenten Franz Olah, der von der eigenen Partei zum Rücktritt gezwungen wird. Daraufhin Verluste der Sozialisten bei den Wiener Gemeinderatswahlen.

Langwierige Südtirol-Verhandlungen zwischen Österreich und Italien in Venedig, Genf und Paris.

„Fussach-Affäre" in Vorarlberg: Antisozialistische Demonstrationen gegen Verkehrsminister Otto Probst, der trotz Vorarlberger Proteste ein Bodenseeschiff auf den Namen „Karl Renner" taufen wollte. Die „Fussach-Affäre" trägt ebenso wie die Olah-Affäre zum Niedergang der sozialistischen Parteiführung unter Bruno Pittermann in den nächsten Jahren bei.

Winterolympiade in Innsbruck.

1965

Der Wiener Bürgermeister Franz Jonas wird nach dem Tode von Adolf Schärf zum Bundespräsidenten gewählt. Sein ÖVP-Gegenkandidat war der ehemalige Bundeskanzler Gorbach.

Zur Zehnjahresfeier der Staatsvertragsunterzeichnung besuchen die Außenminister der vier Großmächte Österreich.

Demonstrationen für und wider den des Neonazismus und Antisemitismus beschuldigten Hochschulprofessor Taras Borodajkewycz fordern in Wien das erste politische Todesopfer seit 1945.

Im ersten österreichischen Südtirol-Prozeß wird Norbert Burger samt seinen Mitangeklagten freigesprochen.

1966

Absolute Mehrheit der ÖVP bei den Nationalratswahlen am 6. März. Zur Niederlage der SPÖ trugen die Affären um Franz Olah und eine mißglückte Schiffstaufe auf dem Bodensee bei Fussach ebenso bei wie die kommunistische Wahlempfehlung, die die Sozialisten nicht zeitgerecht und energisch zurückgewiesen hatten.

Nach der Wahl bildet Josef Klaus die erste Alleinregierung der Zweiten Republik.

Aufdeckung einer Reihe von Korruptionsaffären bei der Vergabe öffentlicher Bauaufträge.

Heftige Auseinandersetzungen um die Kunstförderungspolitik des Unterrichtsministers Piffl-Perčević.

Affäre um den NEWAG- und NIOGAS-Chef, den ehemaligen niederösterreichischen ÖVP-Landeshauptmann-Stellvertreter Viktor Müllner.

Die parteiinternen Auseinandersetzungen um den geschlagenen SPÖ-Vorsitzenden Bruno Pittermann beginnen. Bruno Kreisky rückt als Anwärter auf die Parteiführung in den Vordergrund.

Der Nationalrat beschließt das neue Rundfunkgesetz.

Erster Besuch Otto Habsburgs in Österreich; die vielfach vorausgesagten Unruhen blieben aus.

Bei einem Österreich-Besuch bezeichnet der sowjetische Staatspräsident Podgorny die österreichischen EWG-Bestrebungen erneut als unvereinbar mit Staatsvertrag und Neutrlität.

De Gaulles Feldzug gegen die NATO und gegen den britischen EWG-Beitritt.

Die UNO entscheidet sich für Wien als neuen Sitz der Organisation für industrielle Entwicklung (UNIDO).

1967

Zwischenwahlen in Österreich bringen der ÖVP schwere Verluste und den Sozialisten sowie teilweise auch der FPÖ überraschend hohe Gewinne. (In Oberösterreich fanden Landtagswahlen, in Salzburg und Kärnten Lokalwahlen in die Gemeinderäte statt.)

Die Wahlniederlagen schwächen die Position von Bundeskanzler Klaus und stärken die Stellung von Generalsekretär Withalm. Heftige Diskussionen um eine Reform innerhalb der Sozialistischen Partei. Bruno Kreisky zum neuen SPÖ-Parteivorsitzenden gewählt.

Neuregelung des Österreichischen Rundfunks auf Grund des Rundfunk-Volksbegehrens. Gerd Bacher wird Generalintendant.

Höhepunkt der Attentatserie in Südtirol. Bundesheereinheiten werden nach Nordtirol verlegt.

1968

Umbildung der Regierung Klaus nach langwierigen innerparteilichen Auseinandersetzungen. Hermann Withalm wird Vizekanzler.

Sozialistischer Sieg bei den burgenländischen Landtagswahlen.

In seinem vierten Prozeß wird der bis dahin immer wieder freigesprochene Norbert Burger wegen seiner Südtirol-Tätigkeit zu acht Monaten Arrest verurteilt.

Große Wohnbaureform in Kraft getreten; von da an teilweise Neuregelung der Wohnbaufinanzierung, Zinsbildung und des Mieterschutzes in Österreich.

Studenten- und Mittelschülerdemonstrationen gegen die finanzielle Vernachlässigung der Bildungspolitik in Österreich.

1969

Regionalwahlen in Wien und Niederösterreich brachten der ÖVP neuerliche Verluste und der sozialistischen Opposition weitere Erfolge.

Erstmals freie Rundfunk- und Fernsehberichterstattung aus dem Parlament gegen den Willen des SPÖ-Klubobmannes Pittermann von Nationalratspräsident Maleta gestattet.

Abschluß der deutsch-italienischen Südtirol-Verhandlungen, wobei das ausgehandelte „Paket" den Südtirolern nur teilweise Erfüllung ihrer Forderungen brachte.

Startschuß zum U-Bahn-Bau in Wien, zugleich Beginn heftiger Auseinandersetzungen zwischen Bund und Gemeinde über die Finanzierung.

Rücktritt von Unterrichtsminister Piffl-Perčević nach erfolgreicher Durchführung eines Volksbegehrens gegen das 13. Schuljahr.

Erfolgreiches Volksbegehren für Einführung der 40-Stunden-Woche.

Staatsbesuch von Königin Elisabeth in Österreich.

Im Anschluß an die tschechoslowakischen Ereignisse führen Differenzen innerhalb der österreichischen Kommunisten zum Abfall des Chefideologen Ernst Fischer.

1970

Bei den Nationalratswahlen am 1. März wird die SPÖ zum ersten Mal in der Zweiten Republik die stimm- und mandatstärkste Partei.
Nach mehrwöchigen vergeblichen Koalitionsverhandlungen bildet Bruno Kreisky eine sozialistische Minderheitsregierung, die im Parlament über 81 Mandate verfügt, gegenüber 79 ÖVP- und 5 FPÖ-Abgeordneten.

Infolge einer FPÖ-Beschwerde beim Verfassungsgerichtshof werden die Nationalratswahlen in einigen Wiener Wahlkreisen für ungültig erklärt; Neuwahlen in diesen Wiener Bezirken für den Herbst angesetzt.

Die ÖVP wählt Hermann Withalm zum neuen Bundesparteiobmann und den ehemaligen Landwirtschaftsminister Karl Schleinzer zum neuen Generalsekretär.

SALT-Konferenz der USA und der Sowjetunion zur Beschränkung der Raketenrüstung in Wien.

1971

Klausurtagung der ÖVP in Gösing. Withalm kündigt Rücktritt an.

Lütgendorf folgt dem aus Krankheitsgründen zurückgetretenen Freihsler als Verteidigungsminister.

ORF-Generalintendant Gerd Bacher wiedergewählt.

Im März Bauerndemonstration in Wien und Salzburg.

Bei den Bundespräsidentschaftswahlen am 25. April entfallen auf Franz Jonas 52,8% der Stimmen, Kurt Waldheim erhält 47,2%.

Der ÖAAB wählt im Mai nicht den designierten Georg Prader, sondern Alois Mock zum neuen Obmann.

Am außerordentlichen Parteitag der ÖVP (Juni) wird Schleinzer mit 286 (von 423) Stimmen zum VP-Obmann gewählt.

Mißtrauensantrag der ÖVP gegen Verteidigungsminister Karl Lütgendorf wird von SPÖ und FPÖ abgelehnt.

Im August wird die „Kleine Strafrechtsreform" im Parlament beschlossen.

10. Oktober: Nationalratswahlen. Die SPÖ erhält 93 Mandate und damit die absolute Mehrheit. ÖVP 80, FPÖ 10 Mandate. Bildung des Kabinetts Kreisky II.

Im Dezember wird Kurt Waldheim Generalsekretär der UNO.

1972

Der Nationalrat beschließt die Annahme des Mehrwertsteuergesetzes.

Beispielloser Empfang für Skiidol Karl Schranz in Wien nach Disqualifizierung bei den Olympischen Winterspielen in Saporro.

Gespräch Bruno Kreisky-Willy Brandt über das Verhältnis Österreichs zur EWG.

Im Juli verkauft Ludwig Polsterer die österreichische Tageszeitung „Kurier" an eine neugegründete Gesellschaft.

In Südkärnten werden in einer nächtlichen Aktion die zweisprachigen Ortstafeln abmontiert.

Kreisky kündigt Überprüfung des Rundfunkgesetzes an.

Am 8. Oktober finden im Burgenland Landtagswahlen statt. Die SPÖ hat zwar Stimmengewinne, verliert aber ein Mandat an die FPÖ. SPÖ 16, ÖVP 15, FPÖ 1
Am gleichen Tag finden Gemeinderatswahlen in der Stadt Salzburg statt. ÖVP und FPÖ gewinnen je ein Mandat: SPÖ 17, ÖVP 14, FPÖ 9

Kery wird zum burgenländischen Landeshauptmann gewählt.

Im Dezember beschließt die ÖVP ein neues Grundsatzprogramm und eine Statutenreform.

1973

Jänner: Entscheidendes Nein der österreichischen Bischöfe zur Fristenlösung.

Im Mai wird der Landeshauptmann Hans Sima als Kärntner SPÖ-Obmann abgewählt. Nachfolger: Leopold Wagner.

Volksbefragung über die Verbauung des Sternwarteparks (23.–26. Mai) endet mit einem klaren Nein der Wiener. Rücktritt Bürgermeister Felix Slaviks. Nachfolger: Leopold Gratz.

Finanzminister Hannes Androsch gesteht ein, daß die UNO-City in Wien wahrscheinlich doppelt so viel kosten wird, wie angenommen.

Im September kündigt Kreisky auf Grund der beginnenden Rezession die „Gastarbeiterbremse" an.

Erste Anzeichen einer Treibstoffkrise.

21. Oktober: Landtagswahlen in Oberösterreich. ÖVP 28 Mandate (absolute Mehrheit), SPÖ 24 Mandate, FPÖ 4 Mandate.
Am gleichen Tag Gemeinderatswahlen in Wien: SPÖ 66 Mandate, ÖVP 31, FPÖ 3 Mandate.

Im November beschließt das Parlament das neue Strafrecht.

1974

Am ÖVP-Parteitag in Linz wird Schleinzer als ÖVP-Obmann bestätigt.

31. März: Salzburger Landtagswahlen. ÖVP 18, SPÖ 13, FPÖ 5 Mandate.

Am 8. April regelt der Nationalrat die Vertretung des erkrankten Bundespräsidenten Franz Jonas durch die drei Nationalratspräsidenten.

24. April: Bundespräsident Franz Jonas gestorben.

9. Juni: Niederösterreichische Landtagswahlen. ÖVP 31, SPÖ 25 Mandate.

Rudolf Kirchschläger wird am 23. Juni mit 51,7% der Stimmen zum Bundespräsidenten gewählt.

Der Nationalrat beschließt mit den Stimmen der SPÖ die ORF-Novelle.

20. Oktober: Landtagswahlen in der Steiermark: ÖVP 31, SPÖ 23, FPÖ 2 Mandate. Am gleichen Tag Landtagswahlen in Vorarlberg: ÖVP 22, SPÖ 10, FPÖ 4.

Das ORF-Kuratorium wählt Otto Oberhammer zum provisorischen Generalintendanten des ORF.

Jugoslawien protestiert gegen eine Minderheitenfeststellung in Österreich. Österreichische Note an Jugoslawien.

1975

Einführung der Vierzigstundenwoche.

Endgültige Bestellung Otto Oberhammers als ORF-Generalintendant.

Wissenschaftsminister Hertha Firnberg setzt UOG (Universitätsorganisationsgesetz) gegen den Widerstand der Rektoren durch.

2. März 1975: Landtagswahlen in Kärnten. SPÖ 20, ÖVP 12, FPÖ 4 Mandate.

PERSONENREGISTER